PONS



# DEUTSCH im Handumdrehen

Tien Tammada

**PONS GmbH**
Stuttgart

# Vorwort

Das Reisen in fremde, ferne Länder ist eine wunderbare, herrliche Sache. Auf einer Liste der schönsten Dinge für alle Menschen liegt das Reisen vermutlich weltweit auf einem der allerersten Plätze.

Aber vor jeder Reise in die Fremde liegt die Hürde einer neuen Fremdsprache. Vielen Menschen erscheint es als unüberwindbar sich auf das Lernen einer neuen Fremdsprache einzulassen. Dabei ist es nicht so schwer eine neue Sprache zu lernen und so neue Möglichkeiten zu erlangen.

Ganz egal, ob es dein Ziel ist, eine Urlaubswoche im zauberhaften Deutschland zu verbringen, ob du gerne mit einem Menschen aus Deutschland flirten möchtest oder zum richtigen Zeitpunkt erkennst, dass ein anderer mit dir flirtet (wer weiß, vielleicht verpasst du in solch einem Augenblick gerade die Gelegenheit, deinen Traumprinzen oder deine Prinzessin fürs Leben zu finden), oder ob du einen kompletten Neustart in Deutschland planst, warte nicht damit den ersten Schritt auf diesem Weg zu gehen.

Lass dich nicht davon abhalten, deinem Herzenswunsch zu folgen. Wage dich und triff die Entscheidung, dich der deutschen Sprache zu stellen. Jetzt und sofort!

Sobald du deine Herzensentscheidung getroffen hast Deutsch zu lernen, steht dir dieses Buch für den ersten Schritt zur Seite. Du brauchst nach diesem Entschluss nicht unbedingt sofort einen Sprachkurs zu belegen oder dich um die kompliziert wirkende Grammatik zu kümmern.

Jeder, der schon einmal eine Sprache erlernt hat und diese gut beherrscht, weiß, dass das Wichtigste, der allerschnellste und einfachste Weg, der Sprung ins kalte Wasser ist. Hast du erst einmal angefangen, läuft es wie von alleine. Bereite dich nicht lange vor und springe, denn probieren geht über studieren.

Dieses Buch, mit seinen passenden Bildern, Illustrationen, Wortzusammenstellungen und wertvollen Sätzen hilft dir dabei. Bei den ersten Sprachhürden auf deiner Reise kannst du das passende Kapitel aufschlagen. Dort findest du die wichtigsten Sätze und Begriffe dazu.

Sobald du dein Gehirn über mehrere Ebenen ansprichst, wird es mit größerer Wachheit und mit mehr Interesse darauf reagieren. Wenn du ausschließlich liest, bleibt es nur auf einer Ebene und dadurch mühsam. Das Lernen der fremden Sprache wird dir durch eigene Aktivität leichter fallen, weil du dann auf mehreren Gedächtnisebenen arbeitest und du wirst dich effektiver und dauerhafter an die gelernten Vokabeln erinnern.

Aus diesem Grund habe ich dir eine kleine Hilfe im Buch eingebaut. Du siehst neben den Bildern mit den für dich fremdsprachigen Vokabeln eine Linie. Diese Linie ist für dich, du darfst sie füllen. Schreibe darauf, wie das Wort in deiner Sprache heißt.

Aber nicht nur das, halte auf dieser Linie alles fest, was dir hilft, das Wort in Zukunft nie wieder zu vergessen. Hier ist Platz für deine individuellen Gedankenstützen und Eselsbrücken, hier können Wörter aus demselben Themenfeld ihren Platz finden. Halte spezielle Hinweise auf Stolpersteine bei der Wortbildung oder bei der Aussprache fest. Mache dir Vermerke für eine besonders komplizierte Rechtschreibung. Kurz, nutze diese freie Linie, um aus dem Buch dein ganz persönliches zweisprachiges Nachschlagewerk zu gestalten.

Wenn es dann mit deiner Aussprache trotzdem noch nicht hundertprozentig klappt, dann kannst du mit dem Zeigefinger auf das Bild oder den danebenstehenden Satz tippen und du wirst dich sofort verständlich machen können. So simpel und so schnell ist es, denn dieses Buch heißt:

Deutsch im Handumdrehen.

# Inhalt

# Alltagssätze, Alltagsschätze

[ˈalˌtaːks ˈzɛt͡sə ˈalˌtaːks ˈʃɛt͡sə]

## Begrüßung

[bəˈgryːsʊŋ]

................................

|  |  |  |  |
|---|---|---|---|
| Hallo! | Guten Morgen! | Guten Tag! | Guten Abend! |
| [haˈloː] | [ˌguː.tən ˈmɔrgn̩] | [ˌguː.tən ˈtaːk] | [ˌguː.tən ˈaː.bənt] |
| ......................... | ..................................... | ............................... | ................................. |

**Wie geht es Ihnen?/ Wie geht es dir?**

[viː geːt ɛs ˈiːnən / viː geːt ɛs diːɐ̯]

**Es geht mir gut, danke.**

[ɛs geːt miːɐ̯ guːt ˈdaŋkə]

Ja.

[jaː]

.......................

Nein.

[nai̯n]

.......................

Danke.

[ˈdaŋkə]

..................

Vielen Dank.

[ˈfiːlən ˈdaŋk]

..................................

Gern geschehen.

[gɛrn gəˈʃeːən]

..................................

Mit Vergnügen.

[mɪt fɛɐ̯ˈgnyːgn̩]

....................................

Ich heiße... ..............................................................................

[ɪç ˈhai̯sə]

Wie heißen Sie/ heißt du? ..............................................................................

[viː ˈhai̯sn̩ ziː hai̯st duː]

Sehr erfreut. ..............................................................................

[zeːɐ̯ ɛɐ̯ˈfrɔi̯t]

Ich komme aus England. ..............................................................................

[ɪç ˈkɔmə au̯s ˈɛŋlant]

Ich spreche kein Deutsch. ..............................................................................

[ɪç ˈʃprɛçə kai̯n dɔi̯tʃ]

Ich spreche ein bisschen Deutsch. ..............................................................................

[ɪç ˈʃprɛçə ai̯n ˈbɪsçən dɔi̯tʃ]

Wie heißt das auf Deutsch? ..............................................................................

[vi: hai̯st das au̯f dɔi̯tʃ]

Könnten Sie/ Könntest du das ..............................................................................

bitte wiederholen? ..............................................................................
[ˈkœntn̩ ziː ˈkœntəst duː das
ˈbɪtə ˌviːdɐˈhoːlən]

Könnten Sie/ Könntest du bitte ..............................................................................

etwas langsamer sprechen? ..............................................................................
[ˈkœntn̩ ziː ˈkœntəst duː ˈbɪtə
ˈlaŋˌzaːmɐ ˈʃprɛçn̩]

Was bedeutet das? ..............................................................................................

[vas bəˈdɔ̯ɪtət̩ das]

Was ist das? ..............................................................................................
[vas ɪst das]

Wie bitte? ..............................................................................................
[viː ˈbɪtə]

Entschuldigung! ..............................................................................................

[ɛntˈʃʊldɪgʊŋ]

Das tut mir sehr leid! ..............................................................................................
[das ˈtuːt miːɐ̯ ˈzeːɐ̯ lait]

Kein Problem. ..............................................................................................

[ka̯ɪn proˈbleːm]

Macht nichts! ..............................................................................................
[ˈmaxt ˈnɪçts]

Können Sie mir helfen? ..............................................................................................

[ˈkœnən̩ ziː ˈmiːɐ̯ ˈhɛlfn̩]

Wo bin ich? ..............................................................................................
[voː bɪn ɪç]

## Entschuldigen Sie bitte, wie komme ich nach...?

[ɛntˈʃʊldɪgn ziː bɪtə viː ˈkɔmə ɪç naːx]

Ich hätte gern... ..............................................................................................

[ɪç ˈhɛtə gɛrn]

Wie viel kostet das? ..............................................................................................

[viː fiːl koːstət das]

Ich mag das. ..............................................................................................
[ɪç maːk das]

Ich mag das nicht. ..............................................................................................
[ɪç maːk das nɪçt]

So lala. ..............................................................................................
[ˈzoː ˌlaˌla]

Wunderbar! ..............................................................................................
[ˈvʊndɐbaːɐ̯]

Hervorragend! ..............................................................................................

[hɛɐ̯ˈfoːɐ̯ˌraːgn̩t]

Einen Moment, bitte. ..............................................................................................
[ˈa̯ɪnən moˈmɛnt ˈbɪtə]

Einen Augenblick, bitte. ..............................................................................................

[ˈa̯ɪnən aʊ̯gŋ̍ˈblɪk ˈbɪtə]

gut ..................................................................................................

[guːt]

sehr gut ..................................................................................................
[zeːɐ̯ ɡuːt]

schlecht ..................................................................................................
[ʃlɛçt]

sehr schlecht ..................................................................................................

[zeːɐ̯ ʃlɛçt]

viel ..................................................................................................

[fiːl]

wenig ..................................................................................................
[ˈveːnɪç]

ein bisschen ..................................................................................................

[ai̯n ˈbɪsçən]

Ich habe Hunger. ..................................................................................................
[ɪç ˈhaːbə ˈhʊŋɐ]

Ich habe Durst. ..................................................................................................
[ɪç ˈhaːbə ˈdʊrst]

Wer? ..........................................................................................................
[veːɐ̯]

Was? ..........................................................................................................

[vas]

Wo? ..........................................................................................................
[voː]

Wann? ..........................................................................................................

[van]

Warum? ..........................................................................................................

[vaˈrʊm]

Wie? ..........................................................................................................

[viː]

Wie viel(e)? ..........................................................................................................
[viː fiːl(ə)]

Wie lange? ..........................................................................................................
[viː ˈlaŋə]

Bis bald! ..........................................................................................................

[bɪs balt]

Bis später! ..........................................................................................................

[bɪs ˈʃpɛːtɐ]

Bis morgen! ..........................................................................................................
[bɪs ˈmɔrgn̩]

**Auf Wiedersehen!**

[au̯f ˈviːdɐˌzeːən]

..........................................

**Tschüss!**

[tʃyːs]

..........................................

der Flughafen ..........

[deːɐ̯ ˈfluːkhaːfn̩]

Wo ist die Passkontrolle? ..........

[voː ɪst diː ˈpaskɔnˌtrɔlə]

# Das Flugzeug

Entschuldigung, wie komme ich zum Stadtzentrum?
[ɛntˈʃʊldɪɡʊŋ viː ˈkɔmə ɪç tsʊm ˈʃtatˌt͡sɛntrʊm]

..........

Wo ist der Bahnhof?
[voː ɪst deːɐ̯ˈbaːnˌhoːf]

..........

## Entschuldigung, wo ist der Ausgang?

[ɛntˈʃʊldɪɡʊŋ voː ɪst deːɐ̯ ˈaʊ̯sˌɡaŋ]

[das ˈfluːkˌt͡sɔɪ̯k]

### Wo ist die Bushaltestelle?

[voː ɪst diː ˈbʊshaltəʃtɛlə]

### Wo bekomme ich ein Taxi?

[voː bəˈkɔmə ɪç aɪ̯n ˈtaksi]

Wo ist die Touristeninformation?
[voː ɪst diː tuˈrɪstn̩ʔɪnfɔrmaˌt͡si̯oːn]

.................................................................................................................................

Wie weit ist es bis zum Stadtzentrum?
[viː vaɪ̯t ɪst ɛs bɪs t͡sʊm ˈʃtatˌt͡sɛntrʊm]

.................................................................................................................................

Können Sie mir ein preiswertes Hotel empfehlen?
[ˈkœnən ziː miːɐ̯ aɪ̯n ˈpraɪ̯sˌveːɐ̯təs hoˈtɛl ɛmˈp͡feːlən]

.................................................................................................................................

Fahren Sie mich bitte zu dieser Adresse.
[ˈfaːrən ziː mɪç ˈbɪtə t͡sʊ ˈdiːzɐ aˈdrɛsə]

.................................................................................................................................

das Taxi

[das ˈtaksi]

............................

Was kostet die Fahrt?
[vas ˈkoːstət diː faːɐ̯t]

........................................................................................................................

Kann ich mit Kreditkarte bezahlen?
[kan ɪç mɪt kreˈdɪtˌkartə bəˈtsaːlən]

........................................................................................................................

Würden Sie mir bitte sagen, wann ich aussteigen muss?
[ˈvʏrdən ziː miːɐ̯ ˈbɪtə ˈzaːgn̩ van ɪç aʊ̯sˌʃtaɪ̯gn̩ mʊs]

........................................................................................................................

Vielen Dank für Ihre/ deine Hilfe.
[ˈfiːlən daŋk fyːɐ̯ ˈiːrə/ ˈdaɪ̯nə ˈhɪlfə]

........................................................................................................................

der Bus

[deːɐ̯ bʊs]

..........................

der Zug

[deːɐ̯ t͡suːk]

..........................

die U-Bahn

[diː ˈuːˌbaːn]

................................

die Straßenbahn

[diː ˈʃtraːsn̩ˌbaːn]

...........................................

der Hochgeschwindigkeitszug

[deːɐ̯ ˈhoːxɡəʃvɪndɪçkaɪ̯t͡sˌt͡suːk]

.............................................................

das Schiff

[das ʃɪf]

.......................

# Die Unterkunft
[diː ˈʊntɐˌkʊnft]

Haben Sie ein Zimmer frei? ..............................................................................
[ˈhaːbən ziː aɪ̯n ˈt͡sɪmɐ fraɪ̯]

Könnte ich mir das Zimmer ansehen? ..............................................................................
[kœntə ɪç miːɐ das ˈt͡sɪmɐ anzeːən]

Wie viel kostet das? ..............................................................................
[viː fiːl ˈkoːstət das]

Ist das Frühstück inbegriffen? ..............................................................................
[ɪst das ˈfryːʃtʏk ɪnbəˌɡrɪfn̩]

Ich habe ein Zimmer ..............................................................................

auf den Namen ... gebucht. ..............................................................................
[ɪç ˈhaːbə aɪ̯n ˈt͡sɪmɐ aʊ̯f deːn ˈnaːmən ɡəˈbuːxt]

Hier ist mein Reisepass. ..........................................................................
[hiːɐ̯ ɪst ˈmai̯n ˈrai̯zəˌpas]

Gibt es hier WLAN? ..........................................................................
[giːpt ɛs hiːɐ ˈveːlaːn]

Gibt es einen Safe? ..........................................................................
[giːpt ɛs ˈai̯nən seːf]

Wann muss ich auschecken? ..........................................................................
[van mʊs ɪç au̯s ˈʃɛkn̩]

Ist die Rezeption den ganzen ..........................................................................

Tag geöffnet? ..........................................................................
[ɪst diː ˌret͡sɛpˈt͡si̯oːn den gant͡sn̩
taːk gəˈʔœfnət]

# Ich hätte gern ein Zimmer für ...

[ɪç ˈhɛtə gɛrn ai̯n ˈt͡sɪmɐ fyːɐ̯]

eine Person.
[ˈai̯nə pɛrˈzoːn]

zwei Personen.
[t͡svai̯ pɛrˈzoːnən]

eine Familie.
[ˈaɪ̯nə faˈmiːli̯ə]

.....................................

die Decke
[diː ˈdɛkə]
......................
das Bücherregal
[das byːçɐreˌgaːl]
......................
die Lampe
[diː ˈlampə]
......................
das Fenster
[das ˈfɛnstɐ]
......................
der Lichtschalter
[deːɐ̯ ˈlɪçtˌʃaltɐ]
.............................
der Wecker
[deːɐ̯ ˈvɛkɐ]
......................
das Kopfkissen
[das kɔp͡fˌkɪsn̩]
...........................
der Stuhl
[deːɐ̯ ʃtuːl]
..........................
der Schreibtisch
[deːɐ̯ ˈʃraɪ̯pˌtɪʃ]
...............................
die Steckdose
[diː ˈʃtɛkdoːzə]
..........................

# Im Schlafzimmer

[ɪm ˈʃlaːfˌt͡sɪmɐ]

# Im Badezimmer

[ɪm ˈbaːdəˌt͡sɪmɐ]

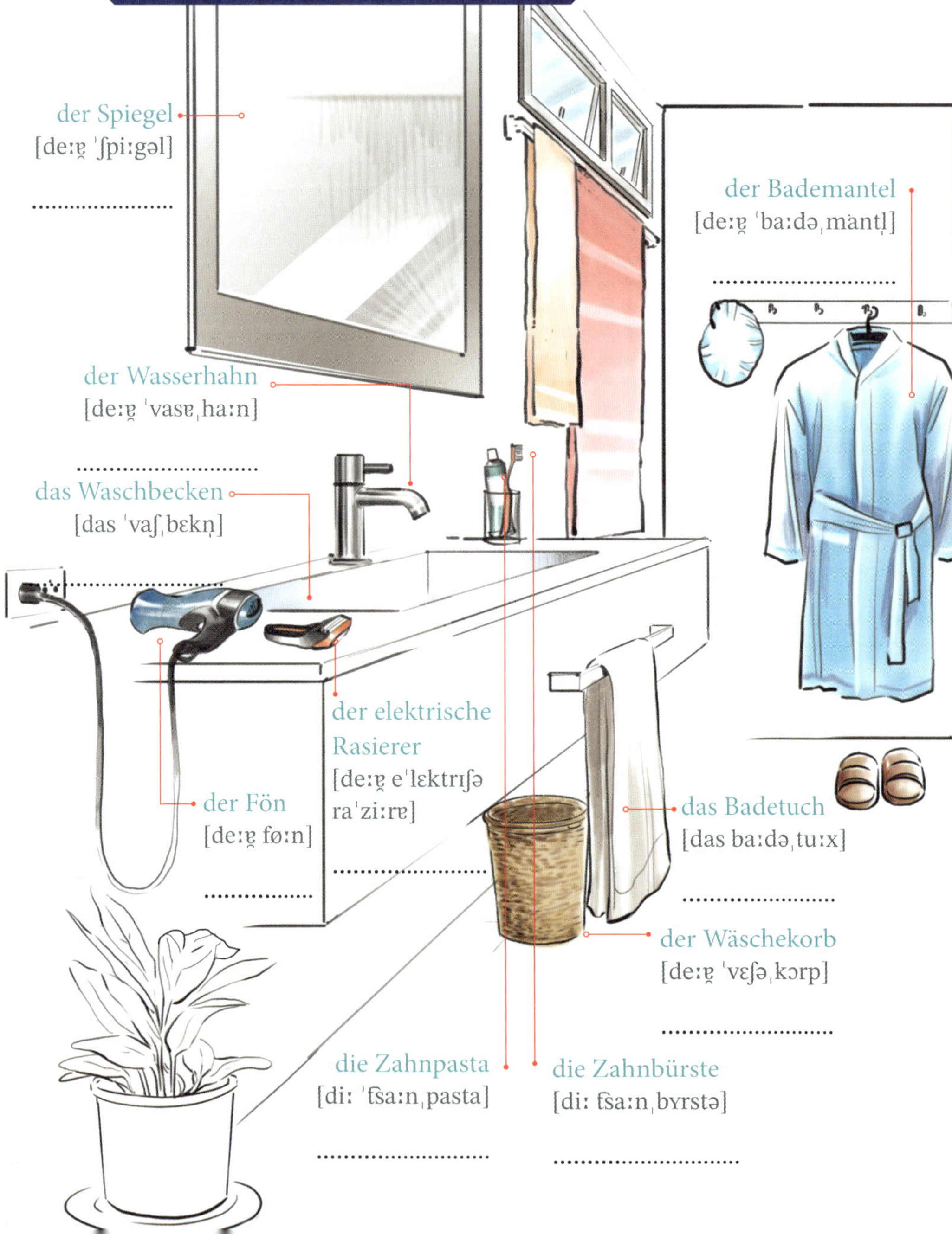

die Dusche
[diː ˈduːʃə]
die Haarspülung
[diː haːɐ̯ˈʃpyːlʊŋ]
die Spülung
[diː ˈʃpyːlʊŋ]
das Shampoo
[das ˈʃampu]
das Duschgel
[das ˈduːʃgeːl]
die Toilette
[diː to̯aˈlɛtə]
die Klobürste
[diː kloːˌbʏrstə]
die Seife
[diː ˈzaɪ̯fə]
das Klopapier
[das ˈkloːpaˌpiːɐ̯]
der Abfluss
[deːɐ̯ ˈapflʊs]
die Badematte
[diː ˈbaːdəˌmatə]
die Badewanne
[diː ˈbaːdəˌvanə]

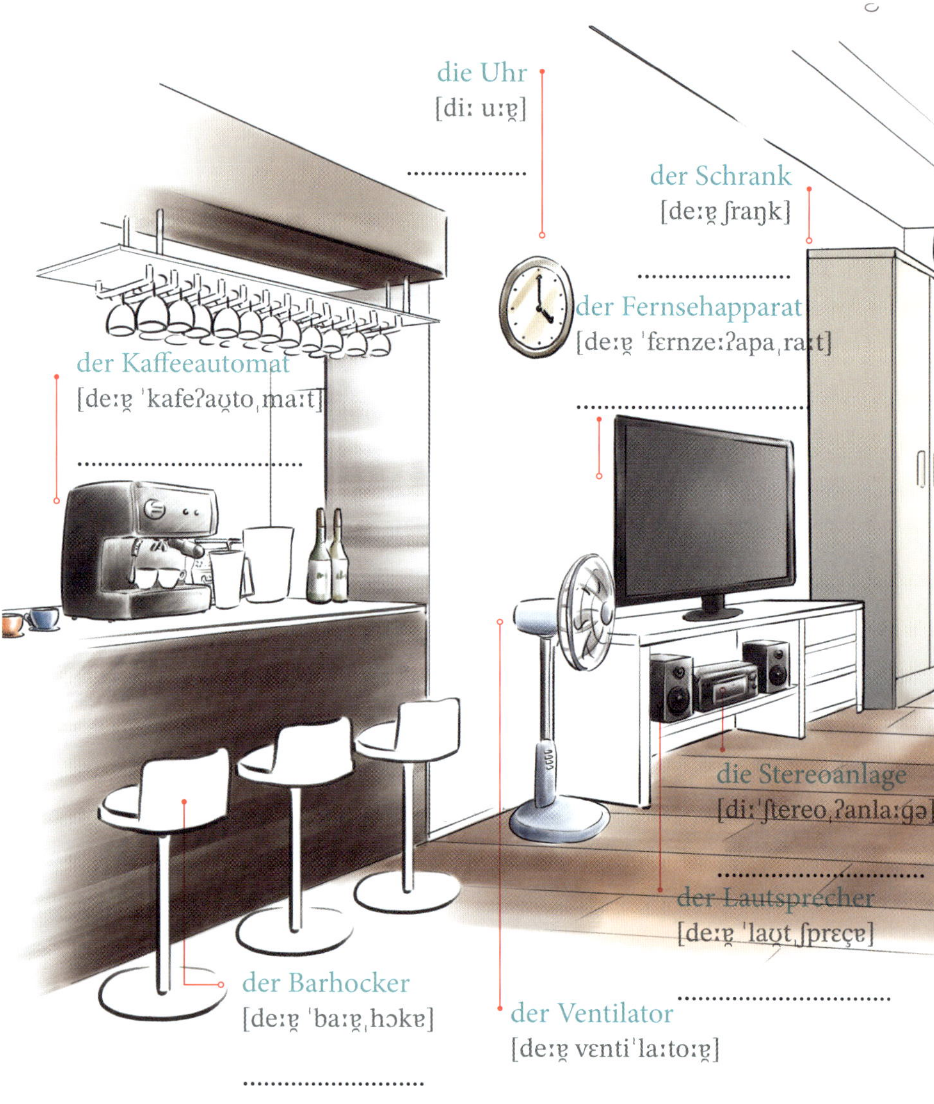


# Im Wohnzimmer

[ɪm ˈvoːnˌt͡sɪmɐ]

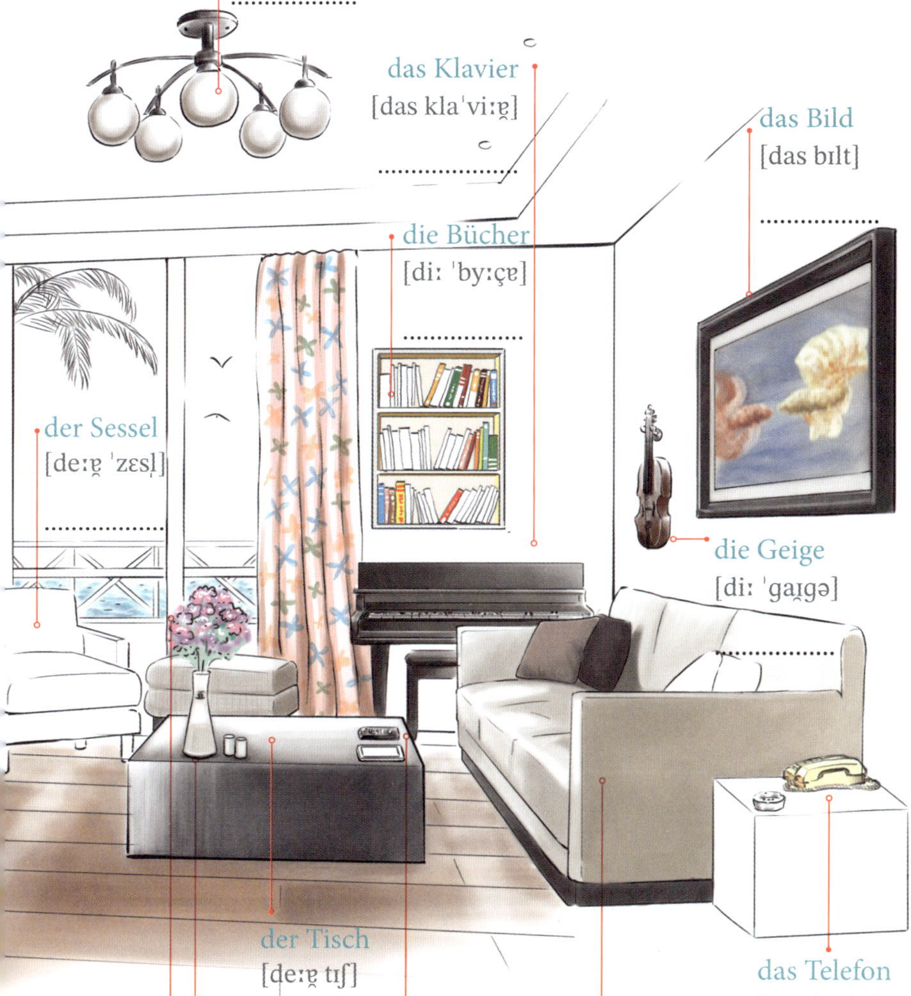
die Lampe
[diː ˈlampə]
..................
das Klavier
[das klaˈviːɐ̯]
..................
das Bild
[das bɪlt]
..................
die Bücher
[diː ˈbyːçɐ]
..................
der Sessel
[deːɐ̯ ˈzɛsl̩]
..................
die Geige
[diː ˈgaɪ̯gə]
..................
der Tisch
[deːɐ̯ tɪʃ]
..................
das Telefon
[das ˈteːləfoːn]
..................
das Sofa
[das ˈzoːfa]
..................
die Vase
[diː ˈvaːzə]
..................
die Fernbedienung
[diː ˈfɛrnbəˌdiːnʊŋ]
..................
die Blumen
[diː ˈbluːmən]
..................

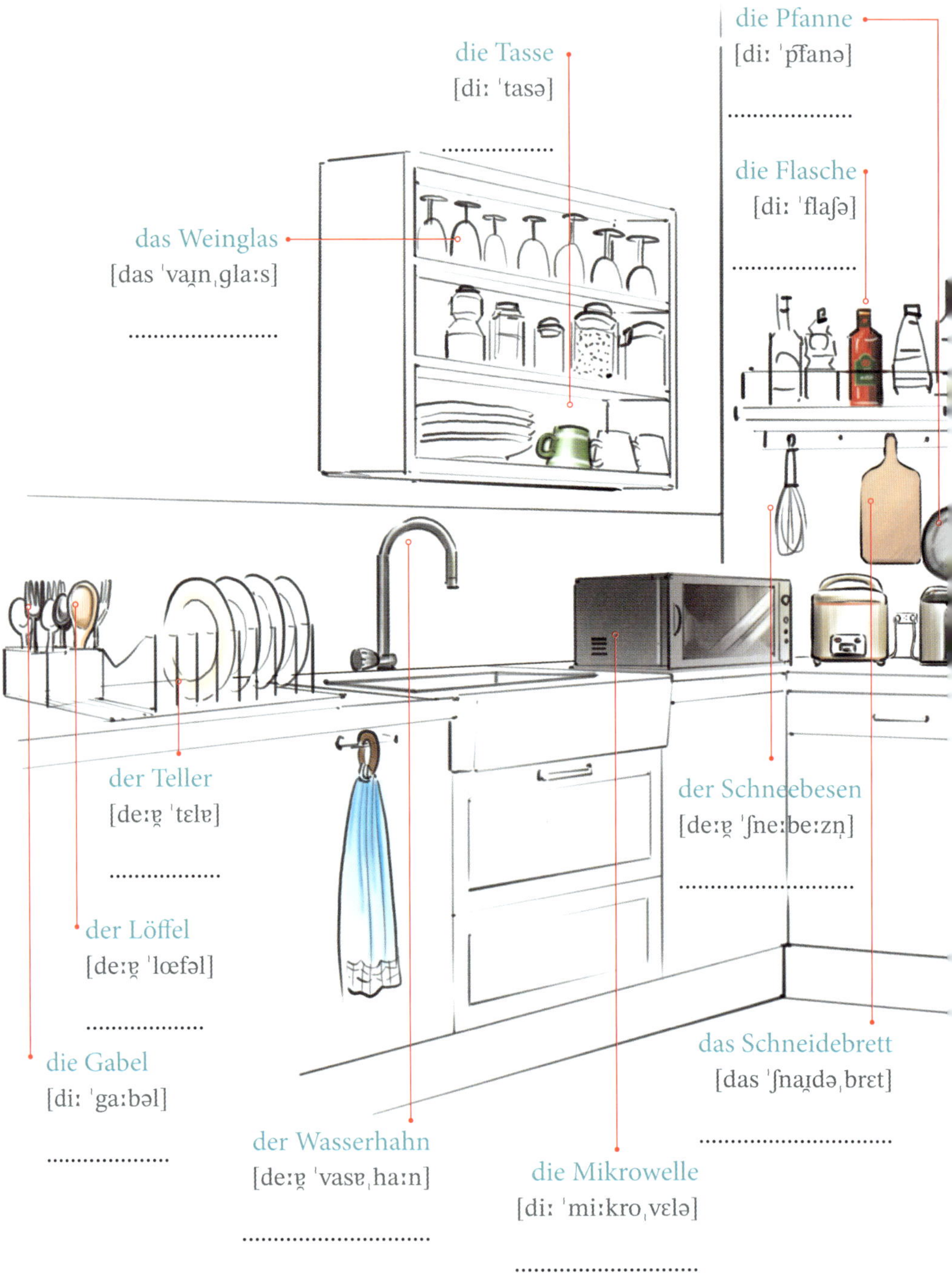
die Pfanne
[diː ˈp͡fanə]
die Tasse
[diː ˈtasə]
die Flasche
[diː ˈflaʃə]
das Weinglas
[das ˈvai̯nˌɡlaːs]
der Teller
[deːɐ̯ ˈtɛlɐ]
der Schneebesen
[deːɐ̯ ˈʃneːbeːzn̩]
der Löffel
[deːɐ̯ ˈlœfəl]
die Gabel
[diː ˈɡaːbəl]
das Schneidebrett
[das ˈʃnai̯dəˌbrɛt]
der Wasserhahn
[deːɐ̯ ˈvasɐˌhaːn]
die Mikrowelle
[diː ˈmiːkroˌvɛlə]

# In der Küche

[ɪn deːɐ̯ ˈkʏçə]

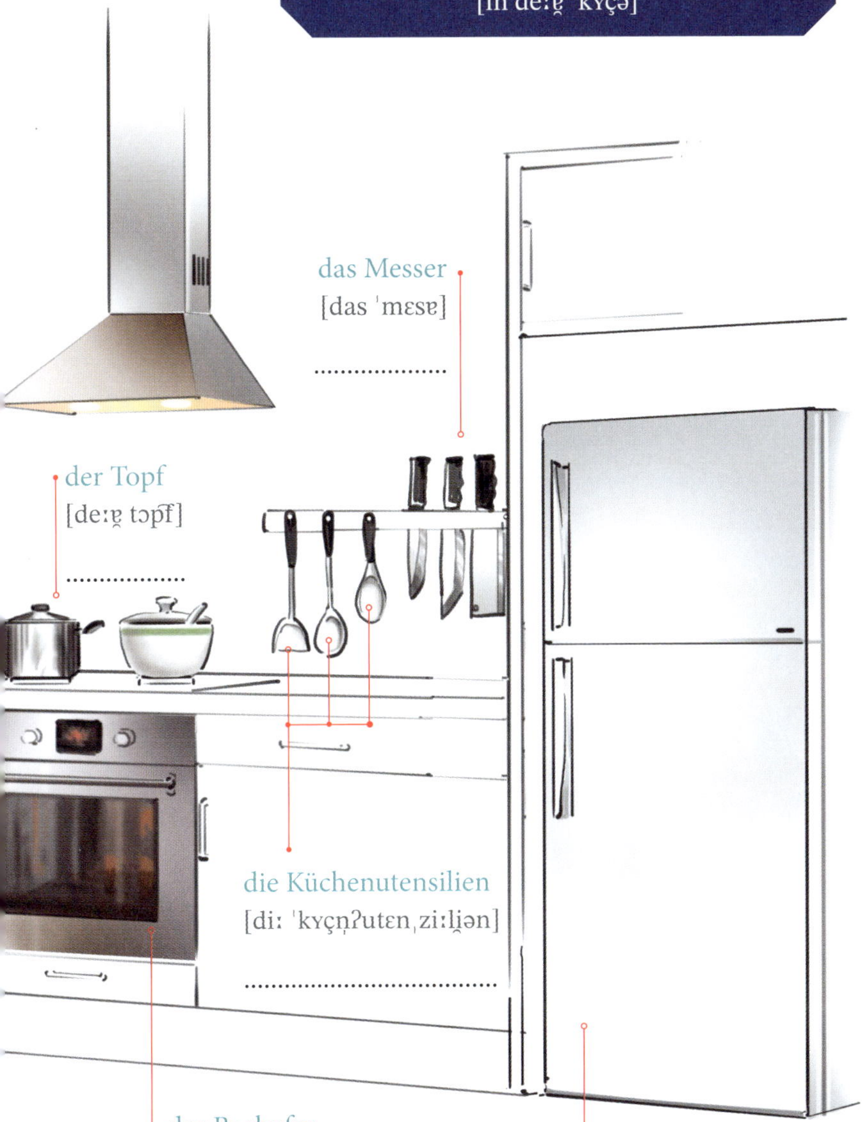

# Ausflüge (in der Stadt und außerhalb)

[ˈaʊ̯sˌflyːgə ɪn deːɐ̯ ʃtat ʊnt ˈaʊ̯sɐhalp]

## Welche Sehenswürdigkeiten gibt es hier?

[vɛlçə ˈzeːənsvʏrdɪçˌkaɪ̯tn̩ giːpt ɛs hiːɐ̯]

...................................................................

**Wo kann ich regionale Spezialitäten probieren?**

[voː kan ɪç regi̯oˈnaːlə ʃpet͡si̯aliˈtɛːtn̩ proˈbiːrən]

# Ausflüge mit dem Zug

[ˈaʊ̯sˌflyːɡə mɪt deːm t͡suːk]

Wo ist der Bahnhof? ..............................

[voː ɪst deːɐ̯ˈbaːnˌhoːf]

Wo ist der Fahrkartenautomat? ..............................

[voː ɪst deːɐ̯ ˈfaːɐ̯kartn̩ʔaʊ̯toˌmaːt]

Wo ist der Fahrkartenschalter? ..............................

[voː ɪst deːɐ̯ ˈfaːɐ̯kartn̩ˌʃaltɐ]

Wie viel kostet die Fahrkarte? ..............................

[viː fiːl ˈkoːstət̩ diː ˈfaːɐ̯ˌkartə]

Bitte eine Fahrkarte erster Klasse. ..............................

[ˈbɪtə ˈa̯ɪnə ˈfaːɐ̯ˌkartə ˈeːɐ̯stə ˈklasə]

Bitte eine Fahrkarte zweiter Klasse. ..............................

[ˈbɪtə ˈa̯ɪnə ˈfaːɐ̯ˌkartə ˈt͡sva̯ɪtɐ ˈklasə]

Bitte eine einfache Fahrkarte. ..............................

[ˈbɪtə ˈa̯ɪnə ˈa̯ɪnfaxə ˈfaːɐ̯ˌkartə]

Bitte eine Rückfahrkarte. ........................................
[ˈbɪtə ˈaɪ̯nə ˈrʏkfaːɐ̯ˌkartə]

Ich möchte einen Sitzplatz reservieren. ........................................
[ɪç ˈmœçtə ˈaɪ̯nən ˈzɪt͡sˌplat͡s rezɛrˈviːrən]

Wann fährt der Zug ab? ........................................
[van fɛːɐ̯t deːɐ̯ t͡suːk ap]

Wie oft muss ich umsteigen? ........................................
[viː ɔft mʊs ɪç ˈʊmˌʃtaɪ̯gn̩]

Wie heißt die nächste Haltestelle? ........................................
[viː haɪ̯st diː ˈnɛːçstə ˈhaltəʃtɛlə]

Würden Sie mir bitte sagen, ........................................

wann ich aussteigen muss? ........................................
[ˈvʏrdən ziː miːɐ̯ ˈbɪtə ˈzaːgn̩ van ɪç ˈaʊ̯sˌʃtaɪ̯gn̩ mʊs]

# Am Bahnhof
[amˈbaːnˌhoːf]

der Bahnhof
[deːɐ̯ˈbaːnˌhoːf]

...........................

der Hauptbahnhof
[deːɐ̯ ˈhau̯ptbaːnˌhoːf]

.......................................

der Fahrkartenschalter
[deːɐ̯ ˈfaːɐ̯kartn̩ˌʃaltɐ]

.......................................

die Fahrkarte
[diː ˈfaːɐ̯ˌkartə]

..........................

der Fahrplan
[deːɐ̯ ˈfaːɐ̯ˌplaːn]

...........................

die Ankunft
[diː ˈankʊnft]

...........................

die Abfahrt
[diː apˌfaːɐ̯t]

...........................

der Zug
[deːɐ̯ t͡suːk]

...........................

der Bahnsteig
[deːɐ̯ ˈbaːnˌʃtai̯k]

........................

der Schlafwagen
[deːɐ̯ ˈʃlaːfˌvaːgn̩]

...........................

der Schnellzug
[deːɐ̯ ˈʃnɛlˌt͡suːk]

...........................

eine Fahrkarte erster Klasse
[ˈa͜inə ˈfaːɐ̯ˌkartə ˈeːɐ̯stɐˈklasə]

.............................................

eine Fahrkarte zweiter Klasse
[ˈa͜inə ˈfaːɐ̯ˌkartə ˈt͡sva͜itɐ ˈklasə]

.............................................

eine Sitzplatzreservierung
[ˈa͜inə ˈzɪt͡sˌplat͡s rezɛrˈviːrʊŋ]

.............................................

einfach
[ˈa͜infax]

.........................

hin und zurück
[hɪn ʊnt t͡suˈrʏk]

.........................

der Zuschlag
[deːɐ̯ ˈt͡suːʃlaːk]

.........................

einsteigen
[ˈa͜inˌʃta͜ign̩]

.........................

aussteigen
[ˈa͜usˌʃta͜ign̩]

.........................

umsteigen
[ˈʊmˌʃta͜ign̩]

.........................

## Um wie viel Uhr fährt der Zug / der Bus / die U-Bahn / die Straßenbahn ab?

[ʊm viː fiːl uːɐ̯ fɛːɐ̯t deːɐ̯ t͡suːk /
deːɐ̯ bʊs / diː ˈuːbaːn / diː ˈʃtraːsn̩ˌbaːn ap]

..........................................................................

..........................................................................

**Entschuldigen Sie bitte,**
**könnten Sie mir helfen,**
**ein Ticket an dem Automaten zu kaufen?**

[ɛntˈʃʊldɪgn̩ ziː ˈbɪtə
kœntn̩ ziː miːɐ̯ ˈhɛlfn̩
aɪ̯n ˈtɪkət an deːm aʊ̯toˈmaːtn̩ t͡suː ˈkaʊ̯fn̩]

.................................................................................................

.................................................................................................

**Ich möchte nach ... fahren.**

[ɪç ˈmœçtə naːx ˈfaːrən]

..........................................................................

# Ausflüge mit dem Bus und mit der Straßenbahn

[ˈaʊ̯sˌflyːɡə mɪt deːm bʊs ʊnt mɪt deːɐ̯ ˈʃtraːsn̩ˌbaːn]

der Bus ..................................................................
[deːɐ̯ bʊs]

die Bushaltestelle ..................................................................
[diː ˈbʊshaltəʃtɛlə]

die Straßenbahn ..................................................................
[diː ˈʃtraːsn̩ˌbaːn]

**Wo ist die Straßenbahnhaltestelle?**
[voː ɪst diː ˈʃtraːsn̩ˌbaːnˌhaltəʃtɛlə]

..................................................................

die Straßenbahnhaltestelle ..................................................................
[diː ˈʃtraːsn̩baːnˌhaltəʃtɛlə]

die Fahrkarte ..................................................................
[diː ˈfaːɐ̯ˌkartə]

der Kontrolleur ..................................................................
[deːɐ̯ kɔnˈtrɔløːɐ̯]

die Geldstrafe ..................................................................
[diː ˈɡɛltˌʃtraːfə]

# Wo ist ...?

[voː ɪst]

## Wo ist die Bushaltestelle?

[voː ɪst diː ˈbʊshaltəʃtɛlə]

# die Ampel

[diː ˈampl̩]

..............................................

## das Motorrad

[das ˈmoːtoːɐ̯ˌraːt]

..................................

## das Fahrrad

[das ˈfaːɐ̯ˌraːt]

................................

## das Auto

[das ˈau̯to]

..............................

## Auf eigene Faust unterwegs mit dem Auto, dem Motorrad, dem Fahrrad und zu Fuß.

[au̯f ˈaɪ̯gənə fau̯st ʊntɐˈveːks mɪt deːm ˈau̯toː
deːm moːtoːɐ̯ˌraːt deːm ˈfaːɐ̯ˌraːt ʊnt t͡suː fuːs]

---

die Straße ........................................
[diː ˈʃtraːsə]

die Kreuzung ........................................
[diː ˈkrɔɪ̯t͡sʊŋ]

geradeaus gehen/fahren ........................................
[gəraːdəˈʔau̯s ˈgeːən/ˈfaːrən]

rechts abbiegen ........................................
[rɛçt͡s ˈapˌbiːgn̩]

links abbiegen ........................................
[lɪŋks ˈapˌbiːgn̩]

Wo ist eine Tankstelle? ........................................
[voː ɪst ˈaɪ̯nə ˈtaŋkʃtɛlə]

hier ........................................
[hiːɐ̯]

dort ........................................
[dɔrt]

nah ........................................
[naː]

weit ........................................
[vaɪ̯t]

Welches Benzin soll ich tanken? ........................................
[vɛlçəs bɛnˈt͡siːn zɔl ɪç ˈtaŋkn̩]

# Kunst und Freizeitaktivitäten

[kʊnst ʊnt ˈfraɪ̯ˌt͡saɪ̯taktiviˈtɛːtn̩]

das Theater
[das teˈaːtɐ]

..............................

das Opernhaus
[das ˈoːpɐnˌhaʊ̯s]

..............................

das Kino
[das ˈkiːno]

..............................

die Kunstgalerie
[diː ˈkʊnstɡaləˌriː]

..............................

das Museum
[das muˈzeːʊm]

..............................

das Hallenbad
[das ˈhalənˌbaːt]

..............................

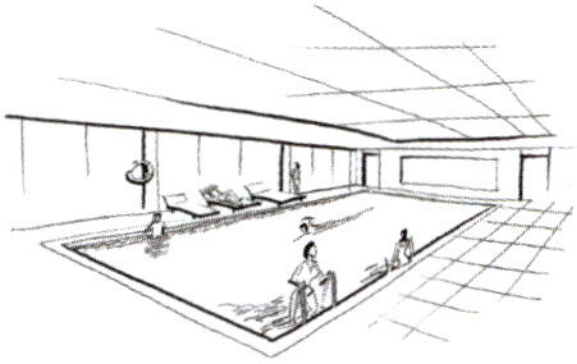

das Freibad
[das ˈfraɪ̯ˌbaːt]

..............................

die Sauna
[diː ˈzaʊ̯na]

..............................

der Stadtpark
[deːɐ̯ ˈʃtatˌpark]

..............................

das Fitnessstudio
[das ˈfɪtnɛsˌʃtuːdi̯o]

..............................

# Sehenswürdigkeiten

[ˈzeːənsvʏrdɪçˌkaɪ̯tn̩]

der Rhein
[deːɐ̯ raɪ̯n]

die Frauenkirche
[diː ˈfraʊ̯ənˌkɪrçə]

der Schwarzwald
[deːɐ̯ ˈʃvart͡svalt]

das Brandenburger Tor
[das brandn̩ˌbʊrgɐ toːɐ̯]

der Kölner Dom
[deːɐ̯ kœlnɐ doːm]

Miniatur Wunderland
[mini̯aˈtuːɐ̯ ˈvʊndɐlant]

Heidelberg
[hai̯dl̩bɛrk]

# Sehenswürdigkeiten

[ˈzeːənsvʏrdɪçˌkaɪ̯tn̩]

Rügen

[ryːgn̩]

Rothenburg ob der Tauber

[ˈroːtn̩ˌbʊrk ɔp deːɐ̯ ˈtaʊ̯bɐ]

die Museumsinsel

[diː muˈzeːʊmsˈɪnzl̩]

die Altstadt von Hamburg

[diːˈaltʃtat fɔn ˈhambʊrk]

Schloss Neuschwanstein
[ʃlɔs nɔɪ̯ʃvaːn ʃtaɪ̯n]

das Oktoberfest
[das ɔkˈtoːbɐˌfɛst]

die Sächsische Schweiz
[diː ˈzɛksɪʃə ʃvaɪ̯t͡s]

die Zugspitze
[diː ˈt͡suːkˌʃpɪt͡sə]

# In der Bäckerei

[ɪn deːɐ̯ ˌbɛkəˈraɪ̯]

das Vollkornbrot
[das fɔlkɔrnˌbroːt]

........................................

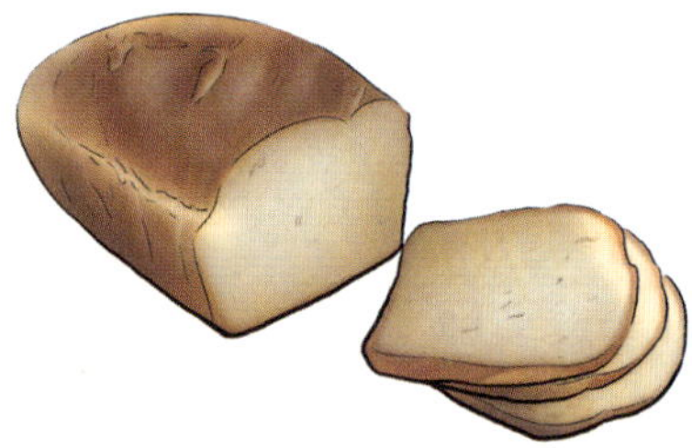

das Toastbrot
[das ˈtoːstˌbroːt]

........................................

das Nusshörnchen
[das ˈnʊshœrnçən]

........................................

das Croissant
[das kro̯aˈsãː]

........................................

das Brötchen
[das ˈbrøːtçən]

........................................

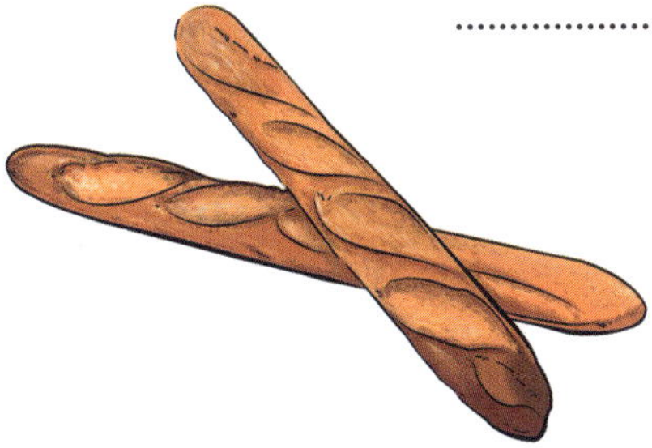

das Baguette
[das baˈgɛt]

........................................

die Brezel
[diː ˈbreːt͡sl̩]

........................................

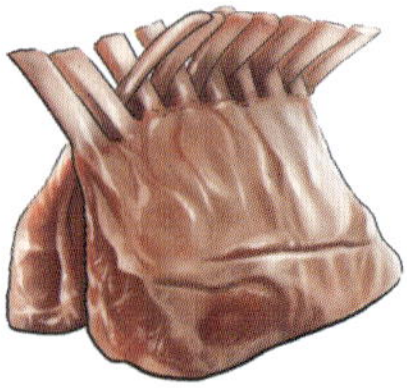

das Lammfleisch
[das ˈlamˌflaɪ̯ʃ]

..............................

das Kaninchen
[das kaˈniːnçən]

..............................

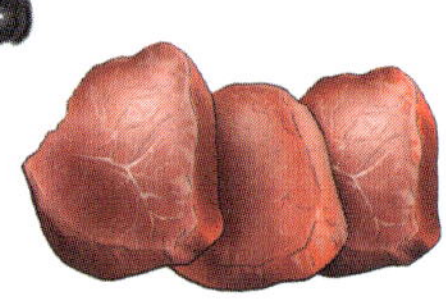

das Rindfleisch
[das ˈrɪntˌflaɪ̯ʃ]

..............................

# In der Metzgerei

[ɪn deːɐ̯ mɛt͡sɡəˈraɪ̯]

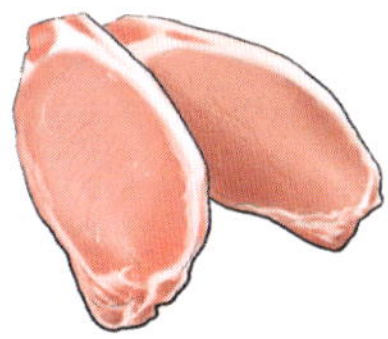

die Ente
[diː ˈɛntə]

................................

das Schweinefleisch
[das ˈʃvaɪ̯nəˌflaɪ̯ʃ]

................................

das Hühnerfleisch
[das ˈhyːnɐˌflaɪ̯ʃ]

................................

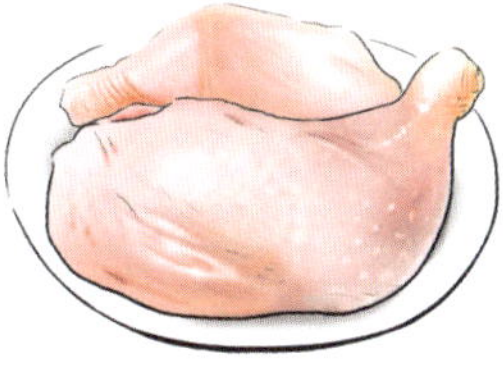

# Deutsche Wurstsorten

[ˈdɔɪ̯tʃə ˈvʊrstˌzɔrtn̩]

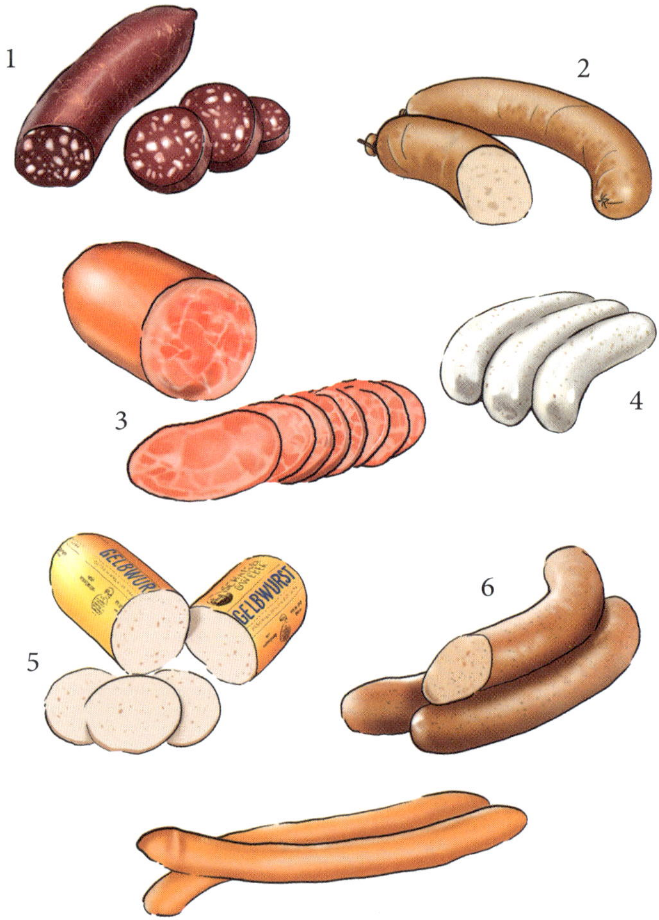


## (Hmm ... lecker!)

[hmm...ˈlɛkɐ] ................................

## 1. die Blutwurst

[diː ˈbluːtˌvʊrst] ......................................

## 2. die Leberwurst

[diː ˈleːbɐˌvʊrst] ......................................

## 3. die Schinken(wurst)

[diː ˈʃɪŋkn ˌvʊrst] ......................................

## 4. die Weißwurst

[diː ˈvai̯sˌvʊrst] ......................................

## 5. die Gelbwurst

[diː ˈgɛlpˌvʊrst] ......................................

## 6. die Fleischwurst

[diː ˈflai̯ʃˌvʊrst] ......................................

## 7. die Wiener Würstchen

[diː ˈviːnɐ ˈvʏrstçən] ......................................

**„Es ist mir wurst."**

[ɛs ɪst miːɐ̯ vʊrst] ......................................

# Im Fischgeschäft

[ɪm fɪʃ geˈʃɛft]

die Forelle
[diː ˌfoˈrɛlə]

............................

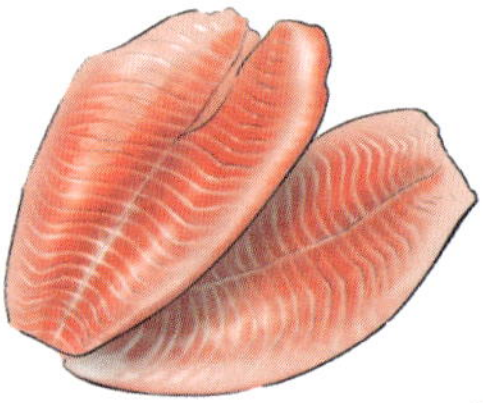

der Fisch
[deːɐ̯ fɪʃ]

............................

die Krabbe
[diː ˈkrabə]

............................

die Garnele
[diː garˈneːlə]

............................

der Tintenfisch
[deːɐ̯ ˈtɪntn̩ˌfɪʃ]

............................

der Thunfisch
[deːɐ̯ ˈtuːnˌfɪʃ]

............................

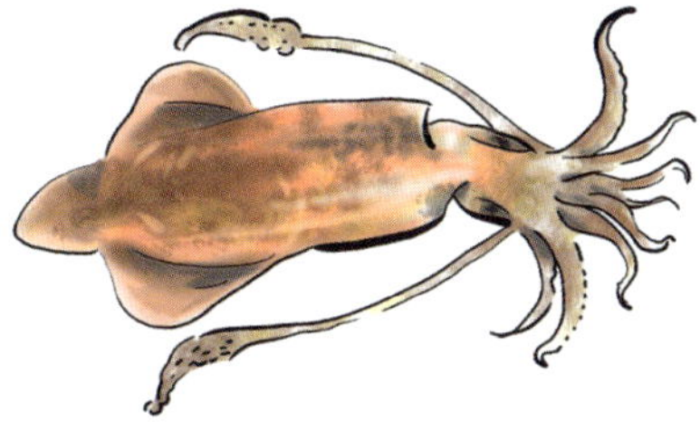

der Lachs
[deːɐ̯ laks]

............................

die Miesmuschel
[diː ˈmiːsˌmʊʃl̩]

............................

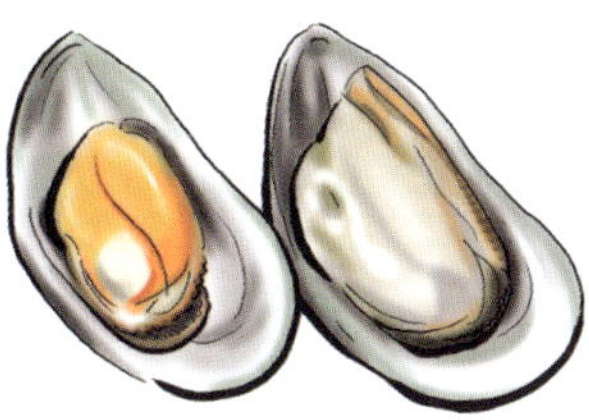

die Auster
[diː ˈaʊ̯stɐ]

............................

1
2
5
4
3
6
7
8
9

# Im Gemüseladen

[ɪm gəˈmyːzəˌlaːdn̩]

1. die Aubergine

[diː obɛrˈʒiːnə] ................................

2. die Gurke

[diːˈgʊrkə] ......................................

3. der Brokkoli

[deːɐ̯ ˈbrɔkoli] ................................

4. die Artischocke

[diː artiˈʃɔkə] ...................................

5. der Chinakohl

[deːɐ̯ çiːnaˌkoːl] ...............................

6. die Erbse

[diː ˈɛrpsə] .........................................

7. der Blumenkohl

[deːɐ̯ bluːmənkoːl] ............................

8. die Möhre

[diː ˈmøːrə] ........................................

9. das Basilikum

[das baˈziːlikʊm] ................................

1. der Ingwer

[deːɐ̯ ɪŋvɐ] ..........................................

2. der Kopfsalat

[deːɐ̯ ˈkɔp͡fzaˌlaːt] ................................

3. der Kürbis

[deːɐ̯ ˈkʏrbɪs] .......................................

4. die Mandel

[diː ˈmandl̩] ........................................

5. die Erdnuss

[diː eːɐ̯tnʊs] .........................................

6. die Haselnuss

[diː ˈhaːzl̩ˌnʊs] .....................................

7. der Knoblauch

[deːɐ̯ ˈknoːpˌlaʊ̯x] ..................................

8. der Pilz

[deːɐ̯ pɪlt͡s] ..............................................

9. die Kartoffel

[diː kaʳˈtɔfl̩] ..............................................

10. der Mais

[deːɐ̯ maɪ̯s] ..............................................

11. die Walnuss

[diː ˈvalˌnʊs] ..............................................

1
2
3
4
5
6
7
8
9
10
11

1
2
3
4
5
6
7
8
9
10

1. die rote Beete

[diː ˈroːtə beːtə] ................................

2. die Paprika

[diː ˈpaprika] ....................................

3. die Zwiebel

[diː ˈt͡sviːbl̩] ........................................

4. der Weißkohl

[deːɐ̯ ˈvai̯sˌkoːl] ..................................

5. der Rotkohl

[deːɐ̯ ˈroːtkoːl] ...................................

6. der Spargel

[deːɐ̯ ˈʃpargl̩] .......................................

7. die Tomate

[diː toˈmaːtə] .......................................

8. die Zucchini

[diː t͡sʊˈkiːni] .......................................

9. der Sellerie

[deːɐ̯ ˈzɛləri] .......................................

10. der Spinat

[deːɐ̯ ʃpiˈnaːt] .......................................

der Apfel
[deːɐ̯ ˈap͡fl̩]

................................

der grüne Apfel
[deːɐ̯ ˈɡryːnə ˈap͡fl̩]

................................

die Birne
[diː ˈbɪrnə]

................................

die Kirsche
[diː ˈkɪrʃə]

................................

die Pflaume
[diː ˈp͡flau̯mə]

................................

die Olive
[diː oˈliːvə]

................................

die Kokosnuss
[diː ˈkoːkɔsˌnʊs]

................................

die Erdbeere
[diː ˈeːɐ̯tbeːrə]

................................

die Ananas
[diː ˈananas]

................................

der Granatapfel
[deːɐ̯ ɡraˈnaːtˌʔapfl̩]

die Brombeere
[diː ˈbrɔmˌbeːrə]

die Himbeere
[diː ˈhɪmˌbeːrə]

# Im Obstladen

[ɪm ˈoːpstˌlaːdn̩]

die Blaubeere
[diː blaʊ̯ˌbeːrə]

die schwarze Johannisbeere
[diː ˈʃvart͡sə joˈhanɪsˌbeːrə]

die rote Johannisbeere
[diː ˈroːtə joˈhanɪsˌbeːrə]

die Limette
[diː liˈmɛtə]

..............................

die Zitrone
[diː t͡siˈtroːnə]

..............................

die Avocado
[diː avoˈkaːdo]

..............................

die Stachelbeere
[diː ˈʃtaxl̩ˌbeːrə]

..............................

der Pfirsich
[deːɐ̯ ˈp͡fɪrzɪç]

..............................

die Papaya
[diː paˈpaːja]

..............................

die Banane
[diː baˈnaːnə]

..............................

die Mango
[diː ˈmaŋgo]

..............................

die Orange
[diː oˈrãːʒə]

....................................

die Mandarine
[diː ˌmandaˑˈriːnə]

....................................

die Wassermelone
[diː vasɐmeˌloːnə]

....................................

die Weintraube
[diː ˈvai̯nˌtrau̯bə]

....................................

die Melone
[diː meˈloːnə]

....................................

die Kiwi
[diː ˈkiːvi]

....................................

# Getränke

[gəˈtrɛŋkə]

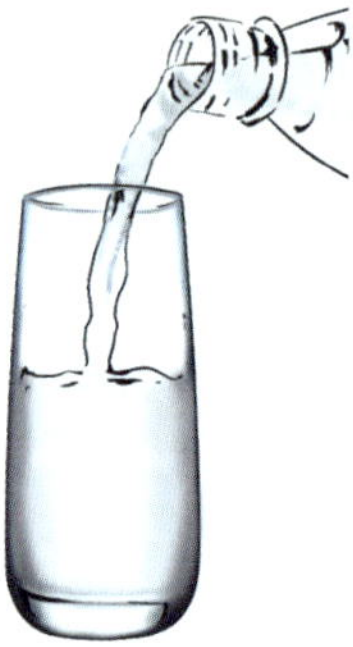

das stille Wasser
[das ˈʃtɪlə ˈvasɐ]

............................

das (Mineral)wasser mit Kohlensäure
[das mineˈraːlˌvasɐ mɪt ˈkoːlənˌzɔɪ̯rə]

..........................................

..........................................

das Mineralwasser
[das mineˈraːlˌvasɐ ]

............................

der Karottensaft
[deːɐ̯ kaˈrɔtn̩ˌzaft]

............................

der Gemüsesaft
[deːɐ̯ gəˈmyːzəˌzaft]

................................

der Ananassaft
[deːɐ̯ ˈananasˌzaft]

..............................

die Apfelsaftschorle
[diː ˈapflzaftˈʃɔʳlə]

......................................

der Apfelsaft
[deːɐ̯ ˈapfl̩ˌzaft]

..............................

der Orangensaft
[deːɐ̯ oˈrãːʒn̩ˌzaft]

..............................

der Traubensaft
[deːɐ̯ ˈtraʊ̯bn̩ˌzaft]

..............................

der Tomatensaft
[deːɐ̯ toˈmaːtənzaft]

.................................

# In der Bar

[ɪn deːɐ̯ baːɐ̯]

das Bier

[das biːɐ̯]

..........................

der Apfelwein

[deːɐ̯ ˈapfl̩ˌvaɪ̯n]

..........................

der Whiskey

[deːɐ̯ ˈwɪski]

..........................

der Brandy

[deːɐ̯ ˈbrɛndi]

..........................

der Rotwein

[deːɐ̯ ˈroːtˌvaɪ̯n]

..........................

der Weißwein

[deːɐ̯ ˈvaɪ̯sˌvaɪ̯n]

..........................

der Rosé

[deːɐ̯ roˈzeː]

..........................

**Im Wein liegt die Wahrheit.**

[ɪm vaɪ̯n liːkt diː vaːɐ̯haɪ̯t] ..........................................................

**Wein ist Poesie in Flaschen.**

[vaɪ̯n ɪst ˌpoeˈziː ɪn ˈflaʃən] ..........................................................

**Auch weißer Wein macht eine rote Nase.**

[aʊ̯x ˈvaɪ̯sɐ vaɪ̯n maxt ˈaɪ̯nə ˈroːtə ˈnaːzə]

..........................................................

# Das Leben
ist viel zu kurz,
um schlechten
# Wein
zu trinken.

[das ˈleːbn̩ ɪst fiːl t͡suː kʊrt͡s ʊm ˈʃlɛçtn̩ vai̯n t͡suː ˈtrɪŋkn̩]

........................................................................

Johann Wolfgang von Goethe

Espresso

Espresso macchiato

Filterkaffee

Espresso mit Vanilleeis

# Im Café

[ɪm kaˈfeː]

Espresso [ˌɛsˈprɛso] ................................

Espresso macchiato [ˌɛsˈprɛso makˈkiaːto] ................................

Filterkaffee [ˈfɪltɐˌkafeː] ................................

Espresso mit Vanilleeis

[ˌɛsˈprɛso mɪt vaˈnɪləˌʔai̯s] ................................

Milchkaffee

Cappuccino

Latte macchiato

heiße Schokolade

heiße Milch

Milchkaffee [ˈmɪlçkaˌfeː] ..............................

Cappuccino [ˌkapʊˈtʃiːno] ..............................

Latte macchiato [ˈlatə maˌki̯aːto] ..............................

heiße Schokolade [ˈhai̯sə ʃokoˈlaːdə] ..............................

heiße Milch [ˈhai̯sə mɪlç] ..............................

1

2

3

# Tee

[teː]

4

5

6

1. der schwarze Tee
[deːɐ̯ ˈʃvart͡sə teː]

..........................................

2. der weiße Tee
[deːɐ̯ ˈvaɪ̯sə teː]

..........................................

3. der grüne Tee
[deːɐ̯ ˈɡryːnə teː]

..........................................

4. der Früchtetee
[deːɐ̯ ˈfrʏçtəˌteː]

..........................................

5. der Roibuschtee
[deːɐ̯ ˈrɔɪ̯bʊʃˌteː]

..........................................

6. der Kräutertee
[deːɐ̯ ˈkrɔɪ̯tɐˌteː]

..........................................

**Entschuldigung!**
**Ich würde gern bestellen.**

[ɛntˈʃʊldɪɡʊŋ ɪç ˈvʏrdə ɡɛrn bəˈʃtɛlən]

.............................................................

**Welche Spezialitäten gibt es**
**aus dieser Region?**

[ˈvɛlçə ʃpet͡si̯aliˈtɛːtn̩ ɡiːpt ɛs aʊ̯s ˈdiːzɐ reˈɡi̯oːn]

..............................................................................

# Im Restaurant

[ɪm rɛsto'rɑ̃ː]

## das Restaurant / die Gaststätte

[das rɛsto'rɑ̃ː/ diː 'gastˌʃtɛtə] ........................................................

## die Speisekarte

[diː 'ʃpaɪ̯zəˌkartə] ............................................

## die Vorspeise

[diː 'foːɐ̯ˌʃpaɪ̯zə] ............................................

## das Hauptgericht

[das 'haʊ̯ptgəˌrɪçt] ............................................

## der Nachtisch

[deːɐ̯ 'naːxˌtɪʃ] ............................................

Haben Sie einen Tisch für zwei Personen? ..................................................
['haːbn̩ ziː 'aɪ̯nən tɪʃ fyːɐ̯ t͡svaɪ̯ pɛr'zoːnən] ..................................................

Gibt es ein Tagesmenü? ..................................................
[giːpt ɛs aɪ̯n 'taːgəs me'nyː]

Was können Sie mir empfehlen? ..................................................
[vas 'kœnən ziː miːɐ̯ ɛm'p͡feːlən]

Ich hätte gern... ..................................................
[ɪç 'hɛtə gɛrn]

1. die Vorspeisengabel [diː ˈfoːɐ̯ʃpaɪ̯zn̩ˈgaːbl̩]

..................................................

2. die Gabel [diː ˈgaːbl̩]

..................................................

3. das Messer [das ˈmɛsɐ]

..................................................

4. das Vorspeisenmesser [das ˈfoːɐ̯ʃpaɪ̯znˈmɛsɐ]

..................................................

5. der Suppenlöffel [deːɐ̯ ˈzʊpn̩ˌlœfl̩]

..................................................

6. das Buttermesser [das ˈbʊtɐˌmɛsɐ]

..................................................

7. die Kuchengabel [diː ˈkuːxn̩ˌgaːbl̩]

..................................................

8. der Kaffeelöffel [deːɐ̯ ˈkafeˌlœfl̩]

..................................................

9. der Brotteller [deːɐ̯ broːtˈtɛlɐ]

..................................................

10. der Teller [deːɐ̯ ˈtɛlɐ]

..................................................

11. das Wasserglas [das ˈvasɐˌglaːs]

..................................................

12. das Rotweinglas [das ˈroːtvaɪ̯nˌglaːs]

..................................................

13. das Weißweinglas [das ˈvaɪ̯svaɪ̯nˌglaːs]

..................................................

# Der gedeckte Tisch

[deːɐ̯ ɡəˈdɛktə tɪʃ]

der Pfeffer
[deːɐ̯ [ˈp͡fɛfɐ]

..................................

das Salz
[das zalt͡s]

..................................

# Die Gewürze

[diː ˌɡəˈvʏrt͡sə]

das Chilipulver
[das ˈt͡ʃiːliˌpʊlfɐ]

..................................

das Pesto
[das ˈpɛsto]

..................................

das Currypulver
[das ˈkœriˌpʊlfɐ]

..................................

der Senf
[deːɐ̯ zɛnf]

.................................

das Tomatenketchup
[das toˈmaːtn̩ˈkɛtʃəp]

.................................

die Mayonnaise
[diː majɔˈnɛːzə]

.................................

der Zucker
[deːɐ̯ ˈt͡sʊkɐ]

.................................

der Süßstoff
[deːɐ̯ ˈsyːsˌʃtɔf]

.................................

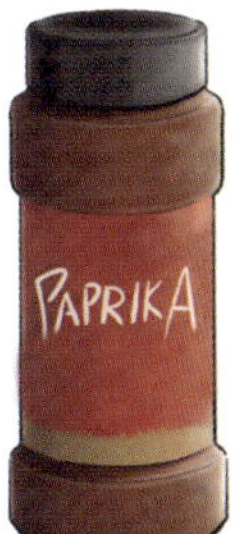

das Paprikapulver
[das ˈpaprikaˌpʊlfɐ]

.................................

der Parmesankäse
[deːɐ̯ parmeˈzaːnˌkɛːzə]

.................................

die Sojasoße
[diː ˈzoːjaˌzoːsə]

.................................

die Mahlzeit ..................................................
[diː ˈmaːlˌt͡saɪ̯t]

das Frühstück ..................................................
[das ˈfryːˌʃtʏk]

das Mittagessen ..................................................
[das ˈmɪtaːkˌʔɛsn̩]

das Abendessen ..................................................
[das ˈaːbn̩tˌʔɛsn̩]

**Guten Appetit!**

[ˌgutən ˌʔapəˈtit]

..................................

# Die Rechnung, bitte.

[diː ˈrɛçnʊŋ ˈbɪtə]

........................................................

Das Essen war sehr gut! ........................................................
[das ˈɛsn̩ vaːɐ̯ zeːɐ̯ guːt]

Köstlich! ........................................................
[ˈkœstlɪç]

Stimmt so. ........................................................
[ʃtɪmt zoː]

das Trinkgeld ........................................................
[das ˈtrɪŋkˌgɛlt]

der Honig
[deːɐ̯ ˈhoːnɪç]

……………………

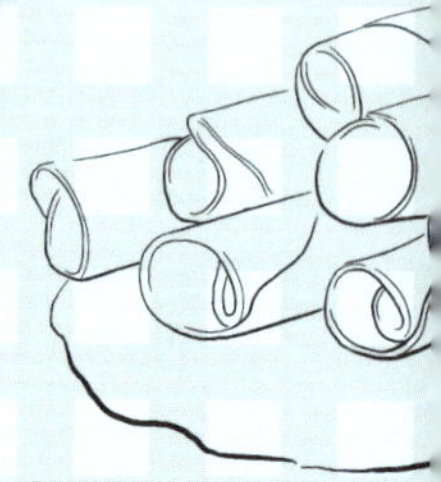

die Erdbeermarmelade
[diː ˈeːɐ̯tbeːɐ̯marməˌlaːdə]

……………………………………

die Butter
[diː ˈbʊtɐ]

……………………

der Schokoladenaufstrich
[deːɐ̯ ʃokoˈlaːdn̩ ˈaʊ̯fˌʃtrɪç]

……………………………………

das Quittengelee
[das ˈkvɪtn̩ʒeˌleː]

……………………………

der Toast
[deːɐ̯ toːst]

……………………

das gekochte Ei
[das ɡəˈkɔxtə aɪ̯]

……………………………

das Omelett
[das ɔmˈlɛt]

……………………

# Das Frühstück

[das ˈfryːʃtʏk] ..........................................

das Müsli
[das ˈmyːsli]

........................

der Obstsalat
[deːɐ̯ ˈoːpstzaˌlaːt]

...............................

der Joghurt
[deːɐ̯ [ˈjoːgʊrt]

........................

das Spiegelei
[das ˈʃpiːgl̩ˌʔaɪ̯]

........................

der Schinken
[deːɐ̯ ˈʃɪŋkn̩]

........................

das Rührei
[das ˈryːɐ̯ˌʔaɪ̯]

........................

die Frikadellen mit Gemüse
[diː frikaˈdɛlən mɪt gəˈmyːzə]

..................................................

das Schnitzel mit Pommes Frites
[das ˈʃnɪt͡sl̩ mɪt pɔmˈfrɪt]

..................................................

das Steak
[das steːk]

..................................................

das Eisbein mit Sauerkraut
[das aɪ̯sˌbaɪ̯n mɪt ˈzaʊ̯ɐˌkraʊ̯t]

..................................................

# Das Hauptgericht

[das ˈhau̯ptgəˌrɪçt] ..........................................................

die Schweinshaxe
[diː ʃvai̯nsˈhaksə]

..........................................................

der Gemüseauflauf
[deːɐ̯ gəˈmyːzə ˈau̯fˌlau̯f]

..........................................................

die Kohlrouladen
[diː ˈkoːlruˌlaːdn̩]

..........................................................

# Die Beilagen

[diː ˈbai̯laːgən]

die Pommes Frites
[diː pɔmˈfrɪt]

................................

die Bratkartoffeln
[diː ˈbraːtkarˌtɔfəln]

................................

das Kartoffelpüree
[das karˈtɔfl̩pyˌreː]

................................

der Salat
[deːɐ̯ zaˈlaːt]

..............................

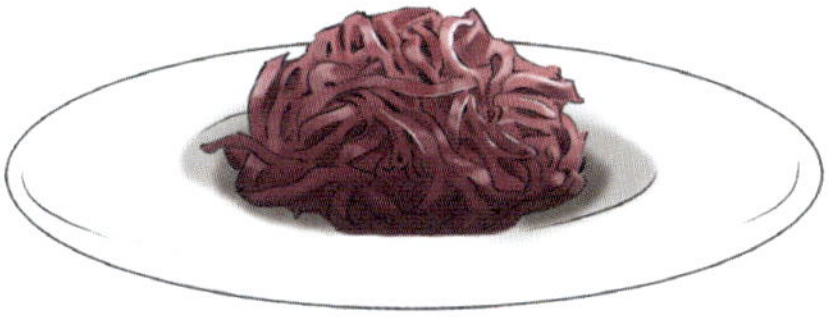

das Rotkraut
[das ˈroːtkraʊ̯t]

..............................

das Sauerkraut
[das ˈzaʊ̯ɐˌkraʊ̯t]

..............................

# Der Imbiss

[deːɐ̯ ɪmbɪs]

die Currywurst

[diː ˈkœriˌvʊrst]

........................................................

die gebratenen Nudeln

[diː gəˈbraːtənən ˈnuːdl̩n]

........................................................

das Brathähnchen

[das ˈbraːtˌhɛːnçən]

........................................................

der Döner Kebab
[deːɐ̯ ˈdøːnɐ ˈkeːbap]

..........................................................

die Pizza
[diː ˈpɪt͡sa]

..........................................................

das Sandwich
[das ˈzɛntvɪt͡ʃ]

..........................................................

# Süßspeisen

[zyːsʃpa͜ɪzn̩]

1. Mandel-Pfirsich Kuchen [ˈmandl̩ ˈp͡fɪrzɪç ˈkuːxn̩]

2. Aprikosenkuchen [ˌapriˈkoːzn̩ˈkuːxn̩]

3. Apfelstrudel mit Sahne [ˈap͡fl̩ˌʃtruːdl̩ mɪt ˈzaːnə]

4. Bienenstich [biːnənˌʃtɪç]

5. Schwarzwälder Kirschtorte [ˈʃvartsˌvɛldɐ ˈkɪrʃˌtɔrtə]

6. Zwetschgenkuchen mit Streusel [ˈt͡svɛt͡ʃgənˌkuːxn mɪt ˈʃtrɔ͜ɪzl̩]

7. Erdbeerkuchen [ˈeːɐ̯tbeːɐ̯ˌkuːxn̩]

8. Pflaumenkuchen [ˈp͡fla͜ʊmənˌkuːxn̩]

9. Rhabarber-Baiser Kuchen [raˈbarbɐ bɛˈzeː ˈkuːxn̩]

10 . Nussschnecke [ˈnʊsˌʃnɛkə]

11. Kaiserschmarren [ˈka͜ɪzɐˌʃmarən]

1

2

3

4

5

6

7

8

9

10

11

# Einkaufsmöglichkeiten

[ˈaɪ̯nkaʊ̯fsˌmøːklɪçkaɪ̯tn̩]

REWE®

NORMA®

ALDI®

EDEKA®

KAUFLAND®

PENNY®

LIDL®

NETTO®

das Einkaufszentrum
[das ˈai̯nkau̯fsˌʦɛntrʊm]

........................................................................

das Kaufhaus
[das ˈkau̯fˌhau̯s]

........................................................................

der Markt
[deːɐ̯ markt]

........................................................................

der Supermarkt
[deːɐ̯ ˈzuːpɐˌmarkt]

........................................................................

der Laden
[deːɐ̯ ˈlaːdn̩]

........................................................................

der Bioladen
[deːɐ̯ ˈbiːolaːdn̩]

........................................................................

# Alles, was das Herz begehrt

[ˈaləs vas das hɛrt͡s bəˈɡeːɐ̯t]

## die Parfümerie
[diː parfyməˈriː]

....................................

---

## der Friseursalon
[deːɐ̯ friˈzøːɐ̯zaˌloːn]

....................................

---

## das Juweliergeschäft
[das juveˈliːɐ̯ˌɡəˈʃɛft̯]

....................................

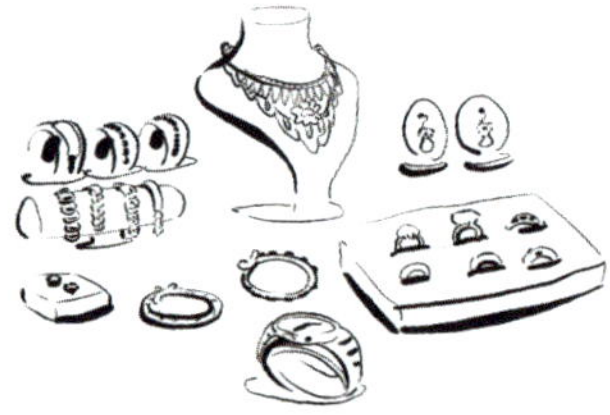

---

## der Blumenladen
[deːɐ̯ ˈbluːməˈlaːdn]

....................................

---

die Modeboutique
[diː ˈmoːdəbu.tik]

.......................................

das Schuhgeschäft
[das ˈʃuːgəˌʃɛft]

.......................................

der Souvenirladen
[deːɐ̯ zuvəˈniːɐ̯ˌlaːdn̩]

.......................................

das Antiquitätengeschäft
[das antikviˈtɛːtn̩gəˌʃɛft]

.......................................

| | |
|---|---|
| Ich möchte...<br>[ɪç ˈmœçtə] | ................................ |
| ein Hemd.<br>[ai̯n hɛmt] | ................................ |
| eine Hose.<br>[ai̯nə ˈhoːzə] | ................................ |
| ein Paar Schuhe.<br>[ai̯n paːɐ̯ ˈʃuːə] | ................................ |
| ein Paar Strümpfe.<br>[ai̯n paːɐ̯ ˈʃtrʏmp͡fə] | ................................ |
| zwei Blusen.<br>[t͡svai̯ ˈbluːzən] | ................................ |
| drei Jacken.<br>[drai̯ ˈjakən] | ................................ |
| vier Röcke.<br>[fiːɐ̯ ˈrœkə] | ................................ |
| fünf Mäntel.<br>[fʏnf ˈmɛntəl] | ................................ |

Wie viel kostet das? ..................................................
[viː fiːl ˈkoːstət das]

Das kostet ... Euro. ..................................................
[das ˈkoːstət ˈɔɪ̯ro]

Das ist sehr teuer. ..................................................
[das ɪst zeːɐ̯ ˈtɔɪ̯ɐ]

Können Sie mir das günstiger ..................................................

verkaufen? ..................................................
[ˈkœnən ziː miːɐ̯ das ˈɡʏnstɪɡɐ
fɛɐ̯ˈkaʊ̯fn̩]

Das ist sehr billig. ..................................................
[das ɪst zeːɐ̯ ˈbɪlɪç]

Danke, das ist genug. ..................................................
[ˈdaŋkə das ɪst ɡəˈnuːk]

Der Preis ist angemessen. ..................................................
[deːɐ̯ praɪ̯s ɪst ˈanɡəˌmɛsn̩]

Das ist zu kurz / zu lang. ..................................................
[das ɪst t͡suː kʊrt͡s t͡suː laŋ]

Das ist zu weit / zu eng. ..................................................
[das ɪst t͡suː vaɪ̯t t͡suː ɛŋ]

**Kann ich das anprobieren?**
[kan ɪç das ˈanproˌbiːrən]

........................................................

**Wo ist die Umkleidekabine?**
[voː ɪst diː ˈʊmklaɪ̯dəkaˌbiːnə]

........................................................

# Sale

[seɪl]

................................

# Ermäßigter Preis

[ɛɐ̯ˈmɛːsɪçtə pra͡ɪs]

..........................................................................

# Sonderangebot

[ˈzɔndɐʔangəˌboːt]

..........................................................................

# Werbeaktion

[ˈvɛrbəakˈt͡si̯oːn]

..........................................................................

# Die Farben

[diː ˈfarbən]

weiß
[vai̯s]
........................

schwarz
[ʃvart͡s]
........................

orange
[oˈrãːʃ]
........................

braun
[brau̯n]
........................

grau
[grau̯]
........................

hellblau
[ˈhɛlˌblau̯]
........................

hell
[hɛl]

.................

dunkel
[ˈdʊŋkl̩]

.................

rot
[roːt]

.........................

rosa
[ˈroːza]

.........................

gelb
[gɛlp]

.........................

grün
[ɡryːn]

.........................

dunkelblau
[ˈdʊŋkəlˌblaʊ̯]

.........................

lila
[ˈliːla]

.........................

# Die Zahlen

[diː ˈt͡saːlən]

| | | |
|---|---|---|
| 0 | null | ............................... |
| 1 | eins | ............................... |
| 2 | zwei | ............................... |
| 3 | drei | ............................... |
| 4 | vier | ............................... |
| 5 | fünf | ............................... |
| 6 | sechs | ............................... |
| 7 | sieben | ............................... |
| 8 | acht | ............................... |
| 9 | neun | ............................... |
| 10 | zehn | ............................... |
| 11 | elf | ............................... |
| 12 | zwölf | ............................... |
| 13 | dreizehn | ............................... |
| 14 | vierzehn | ............................... |
| 15 | fünfzehn | ............................... |
| 16 | sechzehn | ............................... |
| 17 | siebzehn | ............................... |
| 18 | achtzehn | ............................... |
| 19 | neunzehn | ............................... |
| 20 | zwanzig | ............................... |
| 21 | einundzwanzig | ............................... |
| 22 | zweiundzwanzig | ............................... |
| 23 | dreiundzwanzig | ............................... |

| | | |
|---|---|---|
| 24 | vierundzwanzig | ............................... |
| 25 | fünfundzwanzig | ............................... |
| 26 | sechsundzwanzig | ............................... |
| 27 | siebenundzwanzig | ............................... |
| 28 | achtundzwanzig | ............................... |
| 29 | neunundzwanzig | ............................... |
| 30 | dreißig | ............................... |
| 40 | vierzig | ............................... |
| 50 | fünfzig | ............................... |
| 60 | sechzig | ............................... |
| 70 | siebzig | ............................... |
| 80 | achtzig | ............................... |
| 90 | neunzig | ............................... |
| 100 | hundert | ............................... |
| 101 | hunderteins | ............................... |
| 102 | hundertzwei | ............................... |
| 200 | zweihundert | ............................... |
| 300 | dreihundert | ............................... |
| 400 | vierhundert | ............................... |
| 500 | fünfhundert | ............................... |
| 600 | sechshundert | ............................... |
| 700 | siebenhundert | ............................... |
| 800 | achthundert | ............................... |
| 900 | neunhundert | ............................... |
| 1000 | tausend | ............................... |
| 10 000 | zehntausend | ............................... |
| 100 000 | hunderttausend | ............................... |
| 1 000 000 | eine Million | ............................... |

# 1

# erster
['eːɐ̯stɐ]

..................................

# 2

# zweiter
['t͡svai̯tɐ]

..................................

# 3

# dritter
['drɪtɐ]

..................................

| | | |
|---|---|---|
| vierter | [ˈfiːɐ̯tɐ] | ............................................ |
| fünfter | [ˈfʏnftɐ] | ............................................ |
| sechster | [ˈzɛkstɐ] | ............................................ |
| siebter | [ˈziːptɐ] | ............................................ |
| achter | [ˈaxtɐ] | ............................................ |
| neunter | [ˈnɔɪ̯ntɐ] | ............................................ |
| zehnter | [ˈt͡seːntɐ] | ............................................ |

# Wann denn?

[van dɛn]

gestern
[ˈɡɛstɐn]

....................................

gestern Abend
[ˈɡɛstɐn ˈaː.bənt]

....................................

vorgestern
[ˈfoːɐ̯ɡɛstɐn]

....................................

letzte Woche
[ˈlɛt͡stə ˈvɔxə]

....................................

letztes Jahr
[ˈlɛt͡stəs jaːɐ̯]

....................................

heute
[ˈhɔɪ̯tə]

.......................................

morgen
[ˈmɔrgn̩]

.......................................

übermorgen
[ˈyːbɐmɔrgn̩]

.......................................

nächste Woche
[ˈnɛːçstə ˈvɔxə]

.......................................

nächstes Jahr
[ˈnɛːçstəs jaːɐ̯]

.......................................

# Rund um die Uhr

[rʊnt ʊm diː uːɐ̯]

| | | |
|---|---|---|
| die Uhrzeit | [diː ˈuːɐ̯ˌt͡saɪ̯t] | ................................................ |
| die Uhr | [diː uːɐ̯] | ................................................ |
| die Sekunde | [diː zeˈkʊndə] | ................................................ |
| die Sekunden | [diː zeˈkʊndən] | ................................................ |
| die Minute | [diː miˈnuːtə] | ................................................ |
| die Minuten | [diː miˈnuːtən] | ................................................ |
| die Viertelstunde | [diː ˈfɪrtl̩ˌʃtʊndə] | ................................................ |
| die halbe Stunde | [diː ˈhalbə ˈʃtʊndə] | ................................................ |
| die Stunde | [diː ˈʃtʊndə] | ................................................ |
| die Stunden | [diː ˈʃtʊndən] | ................................................ |

| der Morgen | der Mittag | der Nachmittag | der Abend |
| --- | --- | --- | --- |
| [deːɐ̯ ˈmɔrgn̩] | [deːɐ̯ ˈmɪtaːk] | [deːɐ̯ ˈnaːxmɪˌtaːk] | [deːɐ̯ ˈaːbn̩t] |
| ........................ | ........................ | ................................ | ........................ |

| die Nacht | die Mitternacht |
| --- | --- |
| [diː naxt] | [diː ˈmɪtɐˌnaxt] |
| ........................ | ................................ |

früh

[fryː]

....................

spät

[ʃpɛːt]

....................

**Wie spät ist es?**

[viː ʃpɛːt ɪst ɛs]

7:10 Uhr

Es ist zehn nach sieben.

[ɛs ɪst t͡seːn naːx ˈziːbn̩]

**Es ist ein Uhr.**

[ɛs ɪst aɪ̯n uːɐ̯]

..........................................

.....

7:15 Uhr

Es ist Viertel nach sieben.

[ɛs ɪst ˈfɪʳtl̩ naːx ˈziːbn̩]

..........................................

8:00 Uhr

Es ist acht Uhr.

[ɛs ɪst axt uːɐ̯]

..........................................

9:50 Uhr

Es ist zehn vor zehn.

[ɛs ɪst t͡seːn foːɐ̯ t͡seːn]

10:00 Uhr

Es ist zehn Uhr.

[ɛs ɪst t͡seːn uːɐ̯]

10:10 Uhr

Es ist zehn nach zehn.

[ɛs ɪst t͡seːn naːx t͡seːn]

10:30 Uhr

Es ist halb elf.

[ɛs ɪst halp ɛlf]

12:00 Uhr

Es ist Mittag.

[ɛs ɪst ˈmɪtaːk]

..............................................

19:55 Uhr

Es ist fünf vor acht Uhr abends.

[ɛs ɪst fʏnf foːɐ̯ axt uːɐ̯ ˈaːbn̩ʦ]

..............................................

22:00 hrs.

Es ist zehn Uhr abends.

[ɛs ɪst ʦeːn uːɐ̯ ˈaːbn̩ʦ]

..............................................

00:00 hrs.

Es ist Mitternacht.

[ɛs ɪst ˈmɪtɐˌnaxt]

..............................................

# Die Wochentage
[diː ˈvɔxn̩ˌtaːɡə]

| Sonntag<br>[ˈzɔnˌtaːk] | Montag<br>[ˈmoːnˌtaːk] | Dienstag<br>[ˈdiːnsˌtaːk] |
| --- | --- | --- |
| .............................. | .............................. | .............................. |

der Werktag ..........................................................................
[deːɐ̯ ˈvɛrkˌtaːk]

das Wochenende .................................................................
[das ˈvɔxn̩ˌʔɛndə]

der Feiertag ..........................................................................
[deːɐ̯ ˈfai̯ɐˌtaːk]

der Ruhetag ..........................................................................
[deːɐ̯ ˈruːəˌtaːk]

| Mittwoch ['mɪtˌvɔx] | Donnerstag ['dɔnɐsˌtaːk] | Freitag ['fra͜ɪtaːk] | Samstag ['zamstaːk] |
| --- | --- | --- | --- |
| .............................. | .............................. | .............................. | .............................. |

Welchen Tag haben wir heute? ..............................................................
['vɛlçn̩ taːk 'haːbn̩ viːɐ̯ 'hɔ͜ɪtə]

Heute ist Montag. ..............................................................
['hɔ͜ɪtə ɪst 'moːnˌtaːk]

Welches Datum haben wir heute? ..............................................................
['vɛlçɐs 'daːtʊm 'haːbn̩ viːɐ 'hɔ͜ɪtə]

Es ist der 10. Januar. ..............................................................
[ɛs ɪst deːɐ̯ 't͡seːntə 'januaːɐ̯]

Ist heute ein Feiertag? ..............................................................
[ɪst 'hɔ͜ɪtə a͜ɪn 'fra͜ɪtaːk]

1

**Januar**
[ˈjanuaːɐ̯]

..................................

2

**Februar**
[ˈfeːbruaːɐ̯]

..................................

5

**Mai**
[maɪ̯]

..................................

6

**Juni**
[ˈjuːni]

..................................

9

**September**
[zɛpˈtɛmbɐ]

..................................

10

**Oktober**
[ɔkˈtoːbɐ]

..................................

# Die zwölf Monate des Jahres
[diː t͡svœlf ˈmoːnatə dɛs ˈjaːrəs]

3

## März
[mɛrt͡s]

....................................

4

## April
[aˈprɪl]

....................................

7

## Juli
[ˈjuːli]

....................................

8

## August
[au̯ˈgʊst]

....................................

11

## November
[noˈvɛmbɐ]

....................................

12

## Dezember
[deˈt͡sɛmbɐ]

....................................

# Das Wetter und die Jahreszeiten

[das ˈvɛtɐ ʊnt diː ˈjaːrəsˌt͡sa͜ɪtən]

der Frühling

[deːɐ̯ ˈfryːlɪŋ]

..................................

der Sommer

[deːɐ̯ ˈzɔmɐ]

..................................

der Herbst

[deːɐ̯ hɛrpst]

..................................

der Winter

[deːɐ̯ ˈvɪntɐ]

..................................

Wie ist das Wetter heute? ..........................................................................
[viː ɪst das ˈvɛtɐ ˈhɔɪ̯tə]

Das Wetter ist heute schön. ..........................................................................
[das ˈvɛtɐ ɪst ˈhɔɪ̯tə ʃøːn]

Die Sonne scheint. ..........................................................................
[diː ˈzɔnə ʃaɪ̯nt]

Das Wetter ist heute schlecht. ..........................................................................
[das ˈvɛtɐ ɪst ˈhɔɪ̯tə ʃlɛçt]

Es ist heiß. ..........................................................................
[ɛs ɪst haɪ̯s]

Es ist sehr heiß. ..........................................................................
[ɛs ɪst zeːɐ̯ haɪ̯s]

Mir ist sehr heiß. ..........................................................................
[miːɐ̯ ɪst zeːɐ̯ haɪ̯s]

Es ist sehr kalt. ..........................................................................
[ɛs ɪst zeːɐ̯ kalt]

Mir ist sehr kalt. ..........................................................................
[miːɐ̯ ɪst zeːɐ̯ kalt]

Es ist windig. ..........................................................................
[ɛs ɪst zeːɐ ˈvɪndɪç]

Es ist neblig. ..........................................................................
[ɛs ɪst ˈneːblɪç]

Es regnet. ..........................................................................
[ɛs ˈreːgnət]

Es nieselt. ..........................................................................
[ɛs ˈniːzl̩t]

Es schneit. ..........................................................................
[ɛs ˈʃnaɪ̯t]

die Stirn
[diː ʃtɪrn] ........................

das Auge
[das ˈaʊ̯gə] ....................

die Nase
[diː ˈnaːzə] ....................

der Mund
[deːɐ̯ mʊnt] ...................

die Zähne
[diː ˈt͡sɛːnə] ....................

die Zunge
[diː ˈt͡sʊŋə] .....................

das Kinn
[das kɪn] .........................

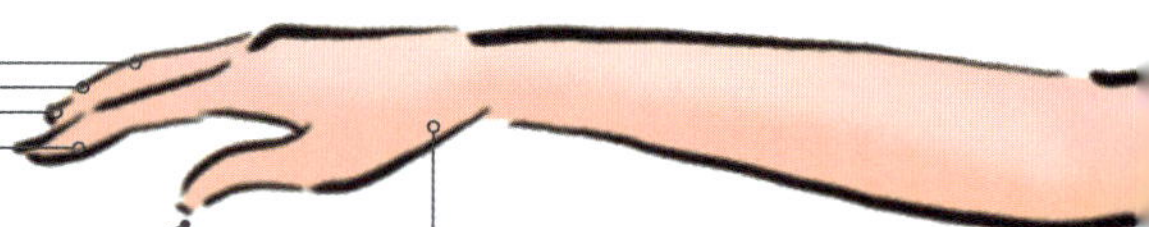

die Finger
[diː ˈfɪŋɐ] ..............................

der Daumen
[deːɐ̯ ˈdaʊ̯mən] ..............................

die Hand
[diː hant] ..............................

die Taille
[diː ˈtaljə] ..............................

die Hüfte
[diː ˈhʏftə] ..............................

# Die Körperteile

[diː ˈkœrpɐˌtaɪ̯lə]

der Kopf
[deːɐ̯ kɔpf] ..............................
das Gesicht
[das ɡəˈzɪçt] ..............................
das Ohr
[das oːɐ̯] ..............................
die Wange
[diː ˈvaŋə] ..............................
der Hals
[deːɐ̯ hals] ..............................

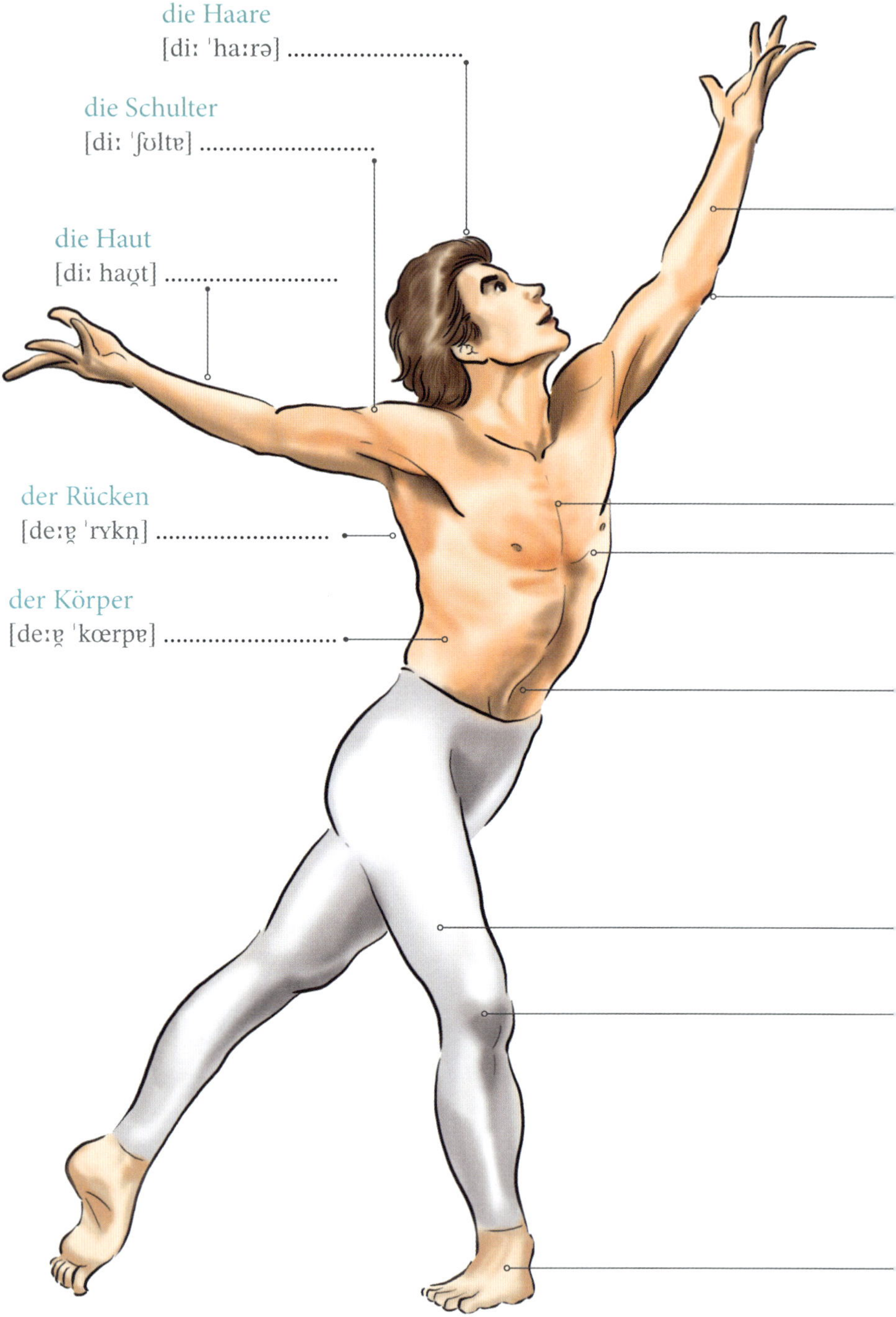
die Haare
[diː ˈhaːrə]
die Schulter
[diː ˈʃʊltɐ]
die Haut
[diː haʊ̯t]
der Rücken
[deːɐ̯ ˈrʏkn̩]
der Körper
[deːɐ̯ ˈkœrpɐ]

der Arm
[deːɐ̯ arm] ..........................

der Ellbogen
[deːɐ̯ ˈɛlˌboːɡn̩] ..........................

die Brust
[diː brʊst] ..........................

das Herz
[das hɛrt͡s] ..........................

der Bauch
[deːɐ̯ bau̯x] ..........................

das Bein
[das bai̯n] ..................

das Knie
[das kniː] ..................

der Fuß
[deːɐ̯ fuːs] ..................

# Tätigkeiten des Alltags

[ˈtɛːtɪçˌkai̯tn̩ dɛs ˈalˌtaːks]

aufwachen [ˈau̯fˌvaxn̩]

........................................

aufstehen [ˈau̯fˌʃteːən]

........................................

sich die Zähne putzen
[zɪç diː ˈt͡sɛːnə ˈpʊt͡sn̩]

........................................

duschen [ˈduːʃn̩]

........................................

ein Bad nehmen
[ai̯n baːt ˈneːmən]

........................................

kochen [ˈkɔxn̩]

..................................................

essen [ˈɛsn̩]

..................................................

trinken [ˈtrɪŋkn̩]

..................................................

anschauen [ˈanˌʃaʊ̯ən̩]

..................................................

schreiben [ˈʃraɪ̯bn̩]

..................................................

lesen [ˈleːzn̩]

..................................................

warten [ˈvartn̩]

....................................

treffen [ˈtrɛfn̩]

....................................

geben [ˈgeːbn̩]

....................................

mögen [ˈmøːgn̩]

....................................

tanzen [ˈtant͡sn̩]

....................................

lachen [ˈlaxn̩]

....................................

weinen [ˈvai̯nən]

....................................

gehen [ˈgeːən]

....................................

telefonieren [teləfoˈniːrən]

....................................

Sport treiben [ʃpɔrt ˈtraɪ̯bn̩]

....................................

malen [ˈmaːlən]

....................................

beobachten [bəˈʔoːbaxtn̩]

....................................

singen [zɪŋən]

..........................................

fotografieren [fotoɡraˈfiːrən]

..........................................

sich amüsieren [zɪç amyˈziːrən]

..........................................

kaufen [ˈkau̯fn̩]

..........................................

verkaufen [fɛɐ̯ˈkau̯fn̩]

..........................................

arbeiten [ˈarbai̯tn̩]

..........................................

lernen [ˈlɛrnən]

lehren [ˈleːrən]

umarmen [ʊmˈʔarmən]

lieben [ˈliːbn̩]

küssen [ˈkʏsn̩]

heiraten [ˈhai̯raːtn̩]

# Wenn man sich krank fühlt

[vɛn man zɪç kraŋk fyːlt]

Ich bin krank. ........................................................................

[ɪç bɪn kraŋk]

Ich muss mich übergeben. ........................................................................

[ɪç mʊs mɪç yːbɐˈgeːbn̩]

Mir ist übel.. ........................................................................

[miːɐ̯ ɪst ˈyːbl̩]

Hier tut es weh. ........................................................................

[hiːɐ̯ tuːt ɛs veː]

Ich habe Fieber. ........................................................................

[ɪç ˈhaːbə ˈfiːbɐ]

Ich habe Kopfschmerzen. ........................................................................

[ɪç ˈhaːbə ˈkɔp͡fʃmɛrt͡sn̩]

Ich habe Bauchschmerzen. ........................................................................

[ɪç ˈhaːbə ˈbaʊ̯xʃmɛrt͡sn̩]

Ich habe Halsschmerzen. ..............................................................................

[ɪç ˈhaːbə halsˌʃmɛrt͡sn̩]

Ich habe Rückenschmerzen. ..........................................................................

[ɪç ˈhaːbə ˈrʏkn̩ˌʃmɛrt͡sn̩]

Zahnschmerzen. ..........................................................................................

[ɪç ˈhaːbə ˈt͡saːnˌʃmɛrt͡sn̩]

Ich habe Verstopfung. ...................................................................................

[ɪç ˈhaːbə fɛɐ̯ˈʃtɔp͡fʊŋ]

Ich habe Durchfall. .......................................................................................

[ɪç ˈhaːbə ˈdʊrçˌfal]

Ich habe eine Allergie. ...................................................................................

[ɪç ˈhaːbə ˈa̯ɪnə ˌalɛrˈgiː]

Ich habe einen Ausschlag. .............................................................................

[ɪç ˈhaːbə ˈa̯ɪnən ˈa̯ʊsʃlaːk]

# die Apotheke

[diː apoˈteːkə] ..................................................................

## das Krankenhaus

[das ˈkraŋkn̩ˌhaʊ̯s] ..................................................................

## die Medizin

[diː mediˈt͡siːn] ..................................................................

## der Arzt / die Ärztin

[deːɐ̯ aːɐ̯t͡st / diː ˈɛːɐ̯t͡stɪn] ..................................................................

## der Zahnarzt / die Zahnärztin

[deːɐ̯ ˈt͡saːnˌʔaːɐ̯t͡st / diː ˈt͡saːnˌʔɛːɐ̯t͡stɪn]

..................................................................

## der Augenarzt / die Augenärztin

[deːɐ̯ ˈaʊ̯ɡənˌʔaːɐ̯t͡st / diː ˈaʊ̯ɡənˌʔɛːɐ̯t͡stɪn]

..................................................................

## die Krankenschwester / der Krankenpfleger

[diː ˈkraŋkn̩ˌʃvɛstɐ / deːɐ̯ ˈkraŋkn̩ˌp͡fleːɡɐ]

..................................................................

**Gesundheit!**

[gəˈzʊnthai̯t]

..............................

# Notfälle

[ˈnoːtˌfɛlə]

**Wo ist die Toilette?**

[voː ɪst diː to̯aˈlɛtə]

**Ich muss zur Toilette gehen.**

[ɪç mʊs tsuːɐ̯ to̯aˈlɛtə ˈgeːən]

**Gibt es hier eine öffentliche Toilette?**

[giːpt̬ ɛs hiːɐ̯ ˈa̯ɪnə ˈœfn̩tlɪçə to̯aˈlɛtə]

**Ich muss sofort ins Krankenhaus.**

[ɪç mʊs zoˈfɔrt ɪns ˈkraŋkn̩ˌhaʊ̯s]

**Rufen Sie bitte die Polizei!**

[ˈruːfn̩ ziː ˈbɪtə diː ˌpoliˈt͡saɪ̯]

# Was sagen uns die Schilder?

[vas ˈzaːgn̩ ʊns ˈdiː ˈʃɪldɐ]

ACHTUNG
[ˈaxtʊŋ]

........................................

BITTE NICHT STÖREN
[ˈbɪtə nɪçt ˈʃtøːrən]

........................................

GESPERRT
[gəˈʃpɛrt]

........................................

LEBENSGEFAHR
[ˈleːbn̩sgəˌfaːɐ̯]

........................................

UMLEITUNG
[ˈʊmˌlaɪ̯tʊŋ]

........................................

ANLIEGER FREI
[ˈanliːgɐ fraɪ̯]

........................................

PARKPLATZ
[ˈparkˌplat͡s]

..............................................

EINBAHNSTRAẞE
[ˈai̯nbaːnˌʃtraːsə]

..............................................

UNBEFUGTEN IST

DER ZUTRITT VERBOTEN
[ˈʊnbəˌfuːktn̩ ɪst deːɐ̯ ˈt͡suːtrɪt fɛɐ̯ˈboːtn̩]

..............................................

..............................................

EIN-UND AUSFAHRT

TAG UND NACHT FREIHALTEN
[ai̯n ʊnt aʊ̯sˈfaːɐ̯t taːk ʊnt naxt ˈfrai̯ˌhaltn̩]

..............................................

..............................................

PARKEN VERBOTEN
[ˈparkn̩ fɛɐ̯ˈboːtn̩]

..............................................

ACHTUNG SCHULE
[ˈaxtʊŋ ˈʃuːlə]

..............................................

ZUTRITT NUR FÜR PERSONAL
[ˈt͡suːtrɪt nuːɐ̯ fyːɐ̯ pɛrzoˈnaːl]

.................................................................

FUẞGÄNGERZONE
[ˈfuːsɡɛŋɐˌt͡soːnə]

..................................................

GEÖFFNET
[ɡəˈʔœfnət]

..................................................

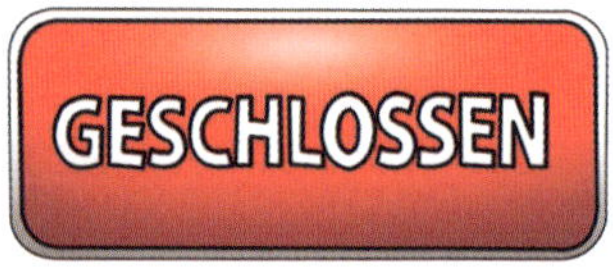


GESCHLOSSEN
[ɡəˈʃlɔsn̩]

..................................................

DRÜCKEN
[ˈdrʏkn̩]

..................................................

ZIEHEN
[ˈt͡siːən]

..................................................

SELBSTBEDIENUNG
[ˈzɛlpstbəˌdiːnʊŋ]

..........................................

RESERVIERT
[rezɛrˈviːɐ̯t]

..........................................

DAMENTOILETTE
[ˈdaːməntoaˌlɛtə]

..........................................

HERRENTOILETTE
[ˈhɛrən toaˌlɛtə]

..........................................

FLUCHTWEG
[ˈflʊxtˌveːk]

..........................................

NOTAUSGANG
[ˈnoːtʔaʊ̯sˌgaŋ]

..........................................

Bravo!

[ˈbraːvo]

......................

Genial!

[geˈniaːl]

......................

Super!

[ˈzuːpɐ]

......................

Einwandfrei!

[ˈai̯nvantˌfrai̯]

......................

# Komplimente

[ˌkɔmpliˈmɛntə]

Wunderbar!

[ˈvʊndɐbaːɐ̯]

Herrlich!

[ˈhɛrlɪç]

# Romantisches

[roˈmantɪʃəs]

## Du bist sehr hübsch.

[duː bɪst zeːɐ̯ hʏpʃ] ........................................................

## Du hast schöne Augen.

[duː hast ˈʃøːnə ˈaʊ̯gn̩] ........................................................

## Du bist außergewöhnlich.

[duː ˈbɪst ˈaʊ̯sɐgəˌvøːnlɪç] ........................................................

## Ich mag dich sehr.

[ɪç maːk dɪç zeːɐ̯] ........................................................

## Ich liebe dich.

[ɪç ˈliːbə dɪç] ........................................................

## Ich liebe dich sehr.

[ɪç ˈliːbə dɪç zeːɐ̯] ........................................................

# Du bist so schön.

[duː ˈbɪst zoː ʃøːn]

# Du bist wundervoll.

[duː ˈbɪst ˈvʊndɐˌfɔl]

# Ich liebe dich.

[ɪç ˈliːbə dɪç]

# Willst du mich heiraten?

[vɪlst duː mɪç ˈhaɪ̯raːtn̩]

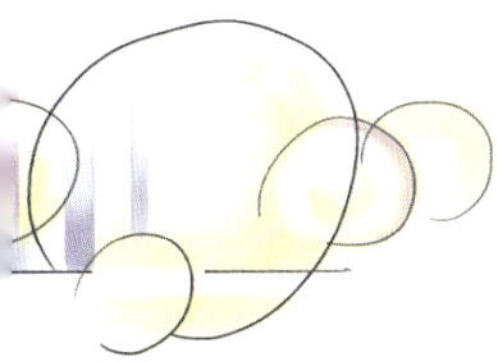

# Du bist bezaubernd.

[duː ˈbɪst bəˈt͡saʊ̯bɐnt]

# Land und Leute

[lant ʊnt ˈlɔy̯tə]

Wenn du etwas über die Gestalt und Form des Landes Deutschland erfahren möchtest, ist der einfachste Weg, dir die Landkarte anzusehen. Willst du etwas Näheres von den Leuten erfahren, wie sie denken, wie sie ihr Leben angehen, dann ist der direkteste Weg, einige Sprichwörter des Landes kennenzulernen. Sie verraten, wie die Menschen des Landes "ticken".

Sprichwörter sind meist über Jahrhunderte als Resultat von Erfahrungen, von Denk- und Lebensweisen der Menschen vor Ort entstanden. Über die Sprache wurden sie von Alt zu Jung weitervermittelt und mit ihnen auch das Gefühl und die Stimmung, die sie tragen. Hier sind ein paar wertvolle deutsche Sprichwörter:

Übung macht den Meister.
[ˈyːbʊŋ maxt deːn mai̯stɐ]

.............................................................

Erst denken, dann handeln.
[ɛrst ˈdɛŋkn̩ dan ˈhandl̩n]

.............................................................

Aus Schaden wird man klug.
[au̯s ˈʃaːdn̩ vɪrt man kluːk]

.............................................................

Anfangen ist leicht, beharren eine Kunst.
[ˈanˌfaŋən ɪst lai̯çt bəˈharən ˈai̯nə kʊnst]

.............................................................

Kümmere dich nicht um ungelegte Eier.
[ˈkʏmərə dɪç nɪçt ʊm ˈʊngəˌleːktə ˈaɪər]

.............................................................

Jetzt bist du bestens gewappnet für deinen ersten Kontakt mit der deutschen Sprache. Es bleibt mir nur noch, dir viel Freude und wunderbare Erfahrungen dabei zu wünschen. Genieße die deutsche Sprache wie eine Köstlichkeit, die du dir auf der Zunge zergehen lässt. Dann wird das, was dir vielleicht am Anfang Angst gemacht hat, sich in pure Freude verwandeln.

# PONS DEUTSCH
## im Handumdrehen

von
**Tien Tammada**

**Originaltitel:** เยอรมันทันใจพูดได้ด้วยปลายนิ้ว เฑียร ธรรมดา

63/120 Moo 8, Tambon Saothonghin, Bangyai District,
Nonthaburi 11140 Thailand
E-Mail: leelaaphasa2008@gmail.com


1. Auflage 2020 (1,01 - 2020)


www.pons.de
E-Mail: kundenservice@pons.de

**Übersetzung:** Ta Tammadien
**Co-Übersetzung & deutsche Überarbeitung:** Hubert Möller
**Korrektur:** Kidan Patanant, Klangjai Patanant
**Illustrationen Cover:** K. Kiattisak
**Illustrationen Innenteil:** K. Kiattisak, Purmpoon Khamnuanta
**Satz/Layout:** Wachana Leuwattananon, Vipoo Lerttasanawanish
**Logoentwurf:** Erwin Poell, Heidelberg
**Logoüberarbeitung:** Sabine Redlin, Ludwigsburg
**Druck und Bindung:** Publikum d.o.o.

**ISBN 978-3-12-516258-7**